KB190559

빛과 빛 사이

성경을 통해, 타인의 말과 글을 통해, 개인의 삶과 묵상을 통해
하나님을 알아가는 여정을 기록하였다.
기독교의 보편적인 진리를 정리한 부분도 있고
개인의 사유와 경험을 표현한 부분도 있다.

선물의 순간을 담아 두고 싶은 마음으로 글을 남겼고
그 선물을 나누고 싶은 마음으로 책을 만들었다.

여전히 하나님에 대한 오해와 왜곡, 살아내지 못한 관념적인 앎들이 많기에
이 책이 답을 줄 수는 없을지라도 따뜻한 동행자가 될 수는 있었으면 좋겠다.

내 삶의 여정과 이 책의 과정에
친구가 되어 주고 선생님이 되어 준 분들께 마음을 다해 감사드린다.
책을 읽으시는 분들께 감사드리며 삶의 걸음마다 빛이 있기를 기도한다.

Between the Lights

그 이름 The Name

눈을 뜨면

눈을 뜨기만 했을 뿐인데
내가 끌어다 놓지 않았음에도 이미 방을 가득 채우고 있는 빛처럼
그 빛과 함께 저절로 주어지는 하루라는 선물처럼

단지 눈을 뜨면
보이는 세상, 주어지는 선물이 있다.

한 이야기

아름다움은 반하게 만든다.
극도의 아름다움은 굴복하게 만든다.

신의 존재를 인정할 수밖에 없는 아름다운 광경을 마주하듯
예수의 이름을 인정할 수밖에 없는 아름다운 이야기를 만났다.

세상의 법과 개념과 상상을 넘어서는 '한 사랑의 이야기'를 만나고
그제서야
사람의 손이 우주를 만들 수 없듯
사람의 지혜가 성경을 만들 수 없음이 선명하게 보였다.

그리움

사람은 외로워하는 존재가 아니라 그리워하는 존재 같다.
저 깊은 곳에서 끊임없이 울리는, 잠잠할 때면 더욱 그러한
하나님을 향한 그리움을
알지도 표현하지도 못하던 때에 나는
그것을 외로움이란 익숙한 정서로 착각하고 있었는지도 모른다.

근원을 향한 이 간절한 울림을
그저 외로움이라 여기던 그때는 피하려 하였으나
실은 그리움이란 것을 알고 나서는 오히려 만나려 한다.
그리움을 만나, 그 그리움의 대상 또한 만나는 것이다.

'사람은 외로운 존재'라는 명제가 사라졌으면 좋겠다.
그러면 혹 사람들이 그 알지 못하는 마음의 정체를 찾다가
이번에는 제대로 인식하고, 그러면… 정말로 그렇다면…
그토록 그리워하던 하나님을 만나지 않을까 하는 생각 때문이다.

하나님이 모든 것을 지으시되 때를 따라 아름답게 하셨고 또 사람들에게는 영원을 사모
하는 마음을 주셨느니라. 전도서 3:11

한 영혼

다 쓸 수 없는 돈, 더 높을 수 없는 명예, 아름다운 연인의 사랑을 가진 이도
온전한 만족을 얻을 수 없는 것.

세상은 그 이유를 사람의 욕심이 끝이 없어서라고 한다.
그러나 하나님은
한 영혼이 천하보다 귀해서라고 했다.
천하보다 큰 사람을 천하가 채울 수는 없기 때문이다.

하나님은 우리 사람을 그렇게 욕심쟁이로 만든 것이 아니라
그렇게 존귀한 존재로 만들었다.

세상 모든 것이 단 한 영혼도 채울 수 없으나
예수, 그 이름 하나는 세상 모든 영혼을 채우고도 남는다.

하나님의 광대함을 묵상할 때,
거대한 우주를 상상하곤 했던 나는 이제
그 우주로도 채울 수 없이 더 크고 존귀한 나와 너
그리고 한 영혼 한 영혼을 떠올리려 한다.
그 모든 영혼을 품은 내 주님의 사랑을 떠올리려 한다.

아버지 없이

아버지의 사랑으로 채우지 않고
깊음은 공허가 되었다.

아버지의 집으로 향하지 않고
넓음은 방황이 되었다.

아버지 없이
아무리 깊은 추구도 아무리 넓은 궤적도 닿을 곳을 찾지 못하였다.

천국

세상의 온갖 기쁨으로도 천국을 맛볼 수 없음은

천국은
세상의 어떤 값진 것에 대한 '나의 기쁨'이 아니라
보잘것없는 나에 대한 '하나님의 기쁨'이기 때문이다.

천국을 맛보는 것은
나를 향한 하나님의 마음을 만나는 것이다.

그가 너로 말미암아 기쁨을 이기지 못하시며 너를 잠잠히 사랑하시며 너로 말미암아 즐거이 부르며 기뻐하시리라. 스바냐 3:17

쾌락

욕망의 충족으로부터 쾌락이 온다고 했다.

하나님을 향한 그리움보다 더 깊은 욕망이 없으니
하나님을 만남보다 더 깊은 쾌락이 없다.

쾌락 快樂 : 감성의 만족, 욕망의 충족에서 오는 유쾌하고 즐거운 감정.

모순의 비밀

그가 내 짐을 가져가니 무거웠던 나는 가벼워지고
그가 내 안에 들어오니 가벼웠던 나는 무거워진다.

그가 준 가벼움은 눌렸던 나에게 자유이고
그가 준 무거움은 요동하던 나에게 평안이다.

가볍지만 무겁고, 무겁지만 가벼운
모순의 비밀.

진리 1

인간의 추측과 추론은
진리에 근접하게 도와줄 수 있지만 진리에 도달하게 하지는 못한다.

결국 어떤 방법으로도 나는 진리에 닿을 수 없다.
그래서…

진리가 나를 찾아왔다.

예수께서 이르시되 내가 곧 길이요 진리요 생명이니 나로 말미암지 않고는 아버지께로
올 자가 없느니라. 요한복음 14:6

진리 2

진리는
증명하는 것이 아니라 눈뜨는 것이고
깨닫는 것이 아니라 만나는 것이다.

오히려

나는 신을 가늠할 수 없다.
나를 품은 사랑, 나를 지은 말씀, 내가 속한 영원을
나는 다 알 수 없다.

오히려
사랑이 나의 존재를
말씀이 나의 마음과 생각을
영원이 나의 시간을

비추어 준다.

신의 겸손

닿을 수 없는 분이
나를 안아 주기 위하여 내 키만큼 자신을 낮추셨는데
나는 내 키에 닿는 만큼 그의 높이를 재단한다.

제한될 수 없는 분이
나와 눈 맞추기 위하여 내 눈동자에 담기셨는데
나는 내 눈에 보이는 만큼 그의 모습을 재단한다.

형용할 수 없는 분이
나와 교감하기 위하여 내 언어로 자신을 드러내셨는데
나는 내 언어의 논리만큼 그의 말씀을 재단한다.

가려지고 뒤틀려도 인간의 수준까지 낮아지고 낮아진 신의 겸손,
그것도 모자라 종국에는 인간이 되었다.

앎 1

오해와 왜곡으로 가득한 앎을 통해서라도
내가 하나님을 바라보고 만날 수 있는 이유는

완전한 분이
인간의 '불완전한 앎' 속에 머무르기 때문이다.
그 큰 겸손으로.

하나님을 안다 하는 순간
내 앎의 크기는 저 광대한 우주의 먼지만큼도 아니다.
그러나 놀라움은
그 한 점의 앎 속에도 삶 전체를 건져 올리는 '생명'이 있다는 것이다.

그러니 하나님을 안다는 것은 겸손하고도 당당할 일이다.

무너짐

하나님도 어쩔 수 없을 거라는 생각,
그러나 훨씬 더 놀라운 그의 권능 앞에
하나님께 너무 사소할 거라는 생각,
그러나 훨씬 더 세밀한 그의 보살핌 앞에
내 생각은 무너지고 만다.

내 생각이 아니고는
하나님을 제한할 것이 없다.

쌓아 올려 높아진 생각만큼 약하고 흔들리던 나는
무너짐으로 견고해진다.

나

남이 만든 '누군가'로 사는 삶
내가 만든 '누군가'로 사는 삶
말고,

하나님이 만든 '나'로 살기.

발견

나를 보여 주느라
나를 보지 못한다.

내 삶의 여정은
세상에 나를 증명하는 과정이 아니라
그리스도 안에서 나를 발견하는 과정이 되어야 한다.

내가 그를 위하여 모든 것을 잃어버리고 배설물로 여김은 그리스도를 얻고 그 안에서
발견되려 함이니. 빌립보서 3:8-9

한 꺼풀

내 안의 속사람을 발견하기 위하여 나를 감싸던 가장 소중한 것들을 버리는 일. 그 한 꺼풀을 벗는다는 것이 삶은 달걀 껍질을 벗겨내듯 간단히 분리되는 것이 아님을 경험한다. 이미 나와 하나되었던 것들이라 옷을 벗는 부끄러움 정도가 아니라 피부를 벗겨내는 것 같은 고통이 있다. 그 껍질 없이 나로 존재할 수 없을 듯한 두려움. 그것이 가져다 주었던 혜택들이 사라지는 상실감. 그러나 이 모진 과정의 끝에서 더 가볍고 투명해진 나를 만날 수 있을 테니.

감사하고 감사한 것은

내 재능의 발견이
내 존재의 발견을 앞서지 않았다는 것.

드러내고 보여 줄 것이 있었다면 그것이 나인 줄 알고 살았을 것이다.
그러나 가진 것 없는 괴로운 시간은 내가 누구인가를 발견하게 해 주었다.
더디게만 느껴졌기에
언제나 위로가 필요했고 보상을 기다렸던 시간인데
오히려 늦추어짐으로 인하여 감사하고 있다.
내 삶의 어느 시즌에 대해서도 이보다 더 진실한 감사를 해 본 적이 없다.

존재 2

오늘 나의 감사는
많은 좌절로 인해 겸손해진 마음에 대한 것이 아니라
존재를 보호받은 것에 대한 안도이다.

이른 성공만큼 해로운 것이 없다는 말은 단지 교만 때문이 아니다.
존재가 단단해지기 전의 성취는 겸손과 교만의 문제를 뛰어넘는다.
그 성취는 존재를 삼킬 위험이 있다.

사울을 향한 하나님의 아프고 안타까운 심정을 생각한다.
하나님의 후회는 '사울을 왕으로 삼은 것'이지 '사울'이 아니었다.
왕의 자리가 사울을 파괴시켰기 때문에
왕의 자리를 빼앗는 것은 사울을 향한 하나님의 벌이 아니라 사랑이었을 것이다.

하나님의 사랑을 받은 자신의 '존재'를 알지 못했던 사울은
사람의 사랑을 받는 왕의 '자리'에 삼켜질 수밖에 없었다.

비교

애정 없이 타인의 삶을 기웃거린 날은
"하나님, 나의 시간은 더딘 것이 아니라 다른 것이지요?" 묻곤 한다.

"얘야, 무엇보다 더디며 무엇과 다르다는 것이니?"
확인차 건넨 질문에 전혀 예상치 못한 반응.
빠르고 느림도 없거니와 심지어 같고 다름도 없다.
하나님께 비교라는 개념은, 완전히 없었다.

태초에 창조자의 의도는 서로 다른 너와 내가 아니라, 그저 너였고 나였다.
그 하나가 전부여서 자신의 전부를 쏟았다.

행복지상주의

네가 행복한 게 중요해.
네가 행복한 걸 선택해.
행복 행복 행복…

행복이 삶의 선물이 아닌 목적지와 이정표가 되었다.
행복지상주의 속에서 산다.
이쯤 되면, 행복을 추구하는 것이
돈을 추구하는 것보다 더 고상하지도 가치 있지도 않다.

물질지상주의에서
물질이라는 중요한 가치가 지상주의로 인해 파괴적이 되듯
행복지상주의 역시 마찬가지다. 더 매력적이니 더 위험할지도 모른다.

지상至上, 가장 높이 둘 것은 절대 가치여야 한다.
행복이라는 흐르고 변하는 사람의 상태가 절대 가치가 될 수는 없다.

마땅히 나와야 할 곳에서 벗어나고 싶도록 만드는 고통보다
지나가야 할 곳을 목적지로 착각하게 만드는 행복이 때로 더 위험하다.

목적

"삶의 목적이 무엇이니?"
"하나님을 아는 것이요."
"고상한 척하지 말고 좀 솔직해 봐, 너 진짜 원하는 건 행복 아니니?"

그러나 그 순간의 나는
충분히 솔직하여 좀더 솔직할 필요가 없었다.

하나님의 마음과 닿는 그곳, 눈부신 나의 목적지에서
행복이란
눈 들면 보이는 풍경 같은 것이며 숨 쉬면 들어오는 공기 같은 것이다.
굳이 추구할 필요도 없는.

행복 또한 그저
목적지에 이르는 도구임을, 때로는 부산물임을 깨닫고 나서
이 쉽고도 어려운 질문을 받아 다행이다.
그렇지 않았다면, 이번에도 나는 정직과 정답 사이에서 머뭇거렸을 것이다.

자유

소유로 만족하려는 거나, 무소유로 벗어나려는 거나
타인의 시선에 맞추어 사는 거나, 타인의 시선을 무시하며 사는 거나
오늘을 다 쏟아 미래를 준비하는 거나, 미래에 눈감고 오늘을 즐기는 거나

모두가 두려움이다.

물질이 아닌 하나님을 소유하고
타인의 시선이 아닌 하나님의 시선을 바라보고
나의 시간이 아닌 하나님의 시간인 영원을 사는 것에

자유가 있다.

명확

수많은 이유가 있으나
그 시작은 두 가지.
사랑인가? 아니면 두려움인가?

수많은 가치가 있으나
그 끝은 두 가지.
영원한가? 아니면 사라질 것인가?

수많은 길이 있으나
그 방향은 두 가지.
하나님을 향하는가? 아니면 그 반대인가?

단순하고도 가차없는 진리 앞에
취해야 할 것과 버려야 할 것이 명확해지는 순간이다.

한 지점

수없이 많은 인생에도 같은 길은 단 하나도 없다.
그러나 목적지까지 이어진 모든 길이 반드시 통과하는 한 지점,

갈보리.

이 피 묻은 언덕을 지나지 않고 다다른 어느 곳도
진짜 목적지가 아니다.

Between the Lights

그 사랑 The Love

은혜 1

이 순수한 '거저'는
티끌만 한 조건도 불순물로 섞지 않는다.

이 철저한 '거저'는
마땅한 감사조차 요구하지 않는다.

은혜 2

갚을 수 없다.
도저히 갚을 길이 없다.

흐르게 하는 수밖에.

선물 1

내가 무엇을 했더니
하나님이 무엇을 주었다는 고백은

하나님의 순수한 선물을 거래로 만든다.

하나님께 영광 돌린다고 하나
하나님을 안타깝게 하는 고백이다.

내가 열심히 산을 올랐기 때문에 하나님이 산 정상의 아름다운 풍경을 주신 것이 아니다.
하나님이 값없이 주신 아름다운 풍경을
산을 오른 이는 누리고, 오르지 않은 이는 얻지 못할 뿐이다.

선물 2

물질이든 시간이든 마음이든
내가 주는 것에
정말로 아무런 대가를 바라지 않을 수 있을까?

고마운 마음이라도 받기 원하는 것이 사람이다.
그조차도 아니라면
보람, 의미 같은 내부적 보상이라도 받기 원한다.

보상을 원하는 나눔은 엄밀하게 보면 선물이 아니라 투자이다.
이것이 사람의 한계이다.
제 스스로 누군가에게 완전히 거저 주는 것이 불가능한 존재.

은혜라는 온전한 선물은 하나님만이 가능하다.
하나님의 마음을 통하지 않고
우리는 타인에게 아주 조그만 선물조차 줄 수 없는 존재이다.

거저 받은 것

둘러보면
거저 받은 것이 더 값지다.

힘을 다해 쌓은 어떤 성취보다
거저 얻은 생명으로 하루를 살아가고
마음을 다해 만든 어떤 작품보다
거저 얻은 해 지는 풍경에 더 감동을 받고

다듬고 다듬어진 나의 어떠함도
거저 얻은 예수의 십자가에 결국은 스스로를 부인하게 된다.

값진 것은 거저 주어지는 법이다.
참으로 값진 것은
그 대가를 치를 만한 아무것이 나에게 없으나,
그럼에도 주시기 원하여 자신을 지불한 예수의 법이다.

주시기 원해 자신을 지불한 예수의 법이다.

귀한 것

사람들은
귀한 것보다 비싼 것을 추구한다.

귀한 것은 흔해서 다수에게 주어지고
비싼 것은 드물어서 소수에게 주어지니
그 가치를 혼동한다.

지혜는
흔하디 흔한 귀한 것들을 곁에 있을 때 아는 것이고
어리석음은 사라지고 나서야 아는 것이다.

갈망

주님의 겸손은,
내가 이해할 수 없는 그 겸손은
그가 나를 갈망하는 것.

공간

그가 아니면 채워지지 않는 공간이 내게 있듯
내가 아니면 채워지지 않는 공간이 그에게도 있다.

물과 피를 다 쏟아
자신의 전부를 비워 낸 그곳에는
나를 향한 간절함이 가득하다.

간절함

그는
자신을 주었기에 나 자신을 원하고
전부를 주었기에 내 전부를 원한다.

이 합의한 바 없는, 주권자의 일방적인 사랑의 논리는
이르는 것조차 불가능해 보이는 버거운 요구인 줄 알았다.

하지만 그것은
어떠한 여지도 남겨 두지 않은 주님의 간절함이었다.

완전한 분이 나에게 채움 받기 위해 자신의 전부를 비웠다.
그는 그렇게 나를 향해 스스로 목마른 자가 되었다.

이러한 겸손을 나는 가늠할 길이 없다.
피조물에게 갈구하는 창조자의 이러한 겸손을
나는 마주하는 방법조차 알지 못한다.

겸손

창조의 겸손은
그가 '사랑을 주어야만 하는 존재'가 된 것이다.
넘치는 사랑은 흘러야 하기 때문이다.

십자가의 겸손은
그가 '사랑을 받아야만 하는 존재'가 된 것이다.
비워낸 사랑은 채워져야 하기 때문이다.

줄 필요도 받을 필요도 없는 분이, 주고받아야 하는 존재가 되었다.
스스로 완전한 사랑이 피조물과의 사귐 안에서 완전해지기로 작정했다.

그는

그는 근본 하나님의 본체시나, 오히려

비움으로
그 사랑의 크기를 보여 주었다.

낮아짐으로
그 사랑의 높이를 보여 주었다.

죽음으로
그 사랑의 길이를 보여 주었다.

그는 근본 하나님의 본체시나 하나님과 동등됨을 취할 것으로 여기지 아니하시고 오히려 자기를 '비워' 종의 형체를 가지사 사람들과 같이 되셨고 사람의 모양으로 나타나사 자기를 '낮추시고' 죽기까지 복종하셨으니 곧 십자가에 '죽으심'이라. 빌립보서 2:6-8

이제

언제나 내 옆에 계시던 주님이
이제 내 안에 오셨다.

언제나 나와 함께 계시던 주님이
이제 나와 하나되셨다.

닫힌 문을 열어 그를 맞이하고.

안식

내 안에 거하기 위하여 문 두드리는 이가 있다.
닫힌 문이 열릴 때까지
그는 문 밖에 서서 기다리며 쉬지 못한다.

내가 문을 열 때 비로소 그는 들어와 쉴 수 있다.
그가 들어올 때 나도 비로소 쉼을 얻는다.

나의 안식은
처참하도록 누추한 이곳을 안식처 삼으려 문 두드린
위대한 왕의 그 큰 겸손으로 인하여
주어진 것이다.

볼지어다 내가 문 밖에 서서 두드리노니 누구든지 내 음성을 듣고 문을 열면 내가 그에게로 들어가 그와 더불어 먹고 그는 나와 더불어 먹으리라. 요한계시록 3:20

그 사랑은

하나님이 세상을 이처럼 사랑한다고 하셨는데
나는 '이처럼'의 사랑을 알 길이 없었다.
닿은 적 없는 신의 사랑은
들리지 않는 노래, 보이지 않는 풍경 같기만 했다.

이런 나를 위하여 그는
그의 완전한 논리로 사랑을 설명하지 않았다.
그의 전능한 손으로 사랑을 선물하지도 않았다.

그는

그 사랑은, 직접 나에게 왔다.

하나님이 세상을 이처럼 사랑하사 독생자를 주셨으니 이는 그를 믿는 자마다 멸망하지
않고 영생을 얻게 하려 하심이라. 요한복음 3:16

한 모금

한 모금 들이마시는 공기에도 신의 사랑이 있다.
만물을 통해 드러내는 사랑에 무지할 방법이 없다.

반드시

나의 평생에 선하심과 인자하심이
반드시 나를 따르리니…

피할 길 없는 사랑,
날마다 내가 피하는 곳.

내 평생에 선하심과 인자하심이 반드시 나를 따르리니 내가 여호와의 집에 영원히 살리
로다. 시편 23:6

사랑은 1

그에게는
기다림도 내게 다가오는 가장 적극적인 움직임이었다.
침묵도 내게 말하는 가장 따뜻한 언어였다.
빈손도 내게 주는 가장 절박한 선물이었다.

사랑은 멈춘 적이 없다.

사랑은 2

사랑은 쉼 없이 내린다.
다만
고여 있기에 더 이상 받을 수 없는 이가 있고
흐르기에 계속 받는 이가 있다.

일관성

긍휼 넘치는 이가 그 마음 전혀 흔들림 없다.
식언치 않는 이가 그 마음 어느새 바꾸어 버린다.

이 일관성 없어 보이는 반응은
사랑이라는 절대적 일관성에서 비롯된 것.

미명未明

짙고 짙어지던 어둠이
그제서야 빛을 부르는 시간, 새벽.

내 주님이 미명未明, 이 희미함을 사랑했음은
세상의 환하고 또렷한 것들이 결코 가질 수 없는 간절함,
빛을 기다리고 새날을 기대하는 그 간절함 때문이 아닐까.

빛이신 내 주님은 더 많은 빛을 필요로 하지 않으시며
오히려 그 빛을 찾는 어둠의 간절함을 사랑하신다.

씨앗

심은 대로 거두는 인생의 원리 앞에서

내 삶에 심어진 것이
보잘것없는 내 애씀뿐이라면 초라할 것이다.
지울 수 없는 내 죄악뿐이라면 두려울 것이다.

하지만 난
내 인생에 심어진 가장 고귀한 씨앗,
주님의 사랑을 보았다.

내 삶 어느 한 순간의 공백도 없이 피 흘려 심으신 그 사랑의
아름다운 수확을 기대한다.

파도

끝없이 밀려온다.
스스로 부딪쳐 하얀 물거품이 된다.
그렇게 자신의 '부서짐'으로
끄떡없는 바위를 기어코 '부수어' 낸다.

한겨울의 차가운 바다 앞에서
주 사랑이 파도보다 강하다는
노래가 차오른다.

탕자 1

무엇인가 좋은 것들을 포기하고 하나님을 따른다는 사람들이 부러웠다.
내게는 아버지의 집이
모든 것을 탕진한 끝에서 택한 유일한 길이었기 때문이다.

"나도 아버지를 위해 버리고 온 것이 하나라도 있다면 좋겠습니다."

그러나 아버지는
내가 온 세상을 가질 수 있음에도 포기하고 당신을 택하였든
주리고 주려 허기진 배를 채우기 위하여 당신을 택하였든
그 기쁨에는 한 점의 차이도 없다 하시며
이제껏 본 적 없는 성대한 잔치를 베풀었다.

그에게 감동은
나의 희생이 아니라
나의 존재였다.

탕자 2

그 부끄러운 순간, 내게 주어진 것은
내 누추함에 대한 위로도 내 죄에 대한 포용도 아니었다.
예상치도 못한 과분한 선물이었다.

그의 눈에 나는
누추한 자도 죄 지은 자도 아닌, 그저 기뻐하시는 아들이었다.

이렇듯 내가 받은 것들은 언제나
당연한 것이 아닌 당황스러운 것이었다.

아들이 이르되 아버지 내가 하늘과 아버지께 죄를 지었사오니 지금부터는 아버지의 아들이라 일컬음을 감당하지 못하겠나이다 하나 아버지는 종들에게 이르되 제일 좋은 옷을 내어다가 입히고 손에 가락지를 끼우고 발에 신을 신기라. 누가복음 15:21-22

아버지의 품

절박한 상황이 되어야 하나님이 간절해진다.
하나님이 아니라 문제 해결에 간절한 것이다.
이것이 내 수준이다.

그러나
'아버지를 보고 싶어서'가 아니라 '배가 고파서' 아버지 집으로 향하였음에도
더할 수 없는 기쁨으로 탕자를 맞아 준 아버지를 생각하며

나는
철없는 마음이든 기특한 마음이든
부끄러운 기도든 아름다운 기도든
일단은 아버지의 품으로 달려간다.

그 한없고 온전한 사랑에 안기어 헛되고 허망한 것들이 녹아내리고 나면
진짜의 갈망만이 남을 것이기 때문이다.

하나님을 만날 때

내 믿음의 수준이나 마음의 상태가 좋다고 하나님을 만나는 것이 아니다.
하나님은 나의 높아짐으로 닿을 수 있는 분이 아니다.
언제나 하나님의 낮아짐이 그와 나를 만나게 한다.

내 크기만큼 고개를 숙이어 나를 마주하는 분 앞에
내 수준이나 상태는 걸림돌이 아니다.

그러니 더 기도한 후, 더 채워진 후가 아니라
지금이 하나님을 만날 때이다.

사귐

내가 주인 되었을 때는 스스로 삶을 끌고 가느라 쉬지 못했고
내가 종 되었을 때는 주인의 뜻을 따르느라 쉬지 못했다.

나는 아들 되었을 때 비로소 쉴 수 있었다.
하나님을 아버지라 부르고 비로소 안식을 얻었다.

주인과 종은 '일'이 이끌어 가는 삶이지만
아버지와 아들은 '사귐'이 이끌어 가는 삶이기 때문이다.
사귐은 더 이상 일이 아니다.

하나님을 아버지라 부를 수 없었다면
'내가 너희를 쉬게 하리라'는 약속도 없었을 것이다.

아버지와 친밀한 사귐이 있는 아들은
종이 아니지만 착하고 충성된 종이 될 수밖에 없다.
아버지와 교감하며 그가 준 기업을 지혜롭게 경영하기 때문이다.
대가를 받기 위해 일하는 삶이 아니라, 이미 받은 것을 누리는 삶이다.

서성이는 자

에스더의 안부를 궁금해하며
날마다 후궁 뜰 앞을 '서성이는' 모르드개를 보며 겹치는 장면이 있다.
집 나간 아들을 기다리며
날마다 동네 어귀를 '서성이는' 아버지의 모습.

모르드개는 '작은 자'라는 뜻이란다.
아들을 기다리는 아버지도 사랑하는 이 앞에 맘 졸이는 '작은 자'가 되었다.

서성이는 자,
스스로 작아졌으나 언제든 안아 줄 큰 품으로 그 자리에 서 있는
내가 본 가장 아름답고 강한 삶의 배경이다.

나도 누군가의 곁에서 서성이는 사람으로 머물 수 있기를 기도한다.
내 아버지가 내게 그랬듯.

모르드개가 날마다 후궁 뜰 앞으로 왕래하며 에스더의 안부와 어떻게 될지를 알고자 하였더라. 에스더 2:11

나를 위하여

또다시 다른 곳을 향하여 시선이 흐르고
또다시 다른 사랑을 찾아 기웃거리는
고멜과 같은 나를
또다시 찾아 오신 분,

"너를 위하여"라고 했다면
죄송하다 말하고 감사하다 말했을 텐데.
"나를 위하여, 나 여호와를 위하여"라고 하며 내 손을 잡을 때
나는 아무런 말도 할 수 없었다.

그의 말처럼 그는 여호와 하나님이다.
내가 그에게 돌아가는 것은 그를 위한 것이 될 수 없다.

그는 나무가 어느 곳을 향하여 그 가지를 뻗어 나가든
영향 받지 않는 태양빛 같은 분이다.
빛이 필요하여 빛을 향해 자라야 하는 나무가
빛을 위하는 것이 될 수는 없다.

그럼에도 그는
"너를 위하여, 너에게 빛이 필요하여"라고 하지 않고
"나를 위하여 빛을 향해 달라" 말씀하신다.

그냥 위엄 있게 "너를 위하여"라고 하지 않고
그는
또 그렇게 내가 감당할 수 없는 겸손함으로
"내가 너를 사랑함은 나를 위한 것이다",
"너를 향한 사랑을 참을 수 없는 나를 위한 것이다" 말씀하신다.

내가 '나를 위하여' 그를 이 땅에 심고 긍휼히 여김을 받지 못하였던 자를 긍휼히 여기며 내 백성 아니었던 자에게 향하여 이르기를 너는 내 백성이라 하리니 그들은 이르기를 주는 내 하나님이시라 하리라 하시니라. 호세아 2:23

하나님의 목적

"내 양을 먹이라" 말하시던 그 순간 하나님의 목적은 베드로였다.
하나님의 목적은 언제나 그의 눈에 담긴 한 사람이다.

세상의 어떤 가치 있는 일이 내 앞에 놓여 있다 한들
나 없이 그 일을 하실 수 있는 하나님께
목적은 그 일이 아니라 '나'이다.

모든 것이 가능한 하나님의 능력은
내가 사명을 위함이 아니라 사명이 나를 위함이라 가르쳐 준다.
모든 것을 이루신 하나님의 희생은
내가 십자가를 위함이 아니라 십자가가 나를 위함이라 가르쳐 준다.

사명을 위해 온 분
십자가를 위해 온 분
그 자신이 목적 되지 못한 분
예수, 그를 보내신 하나님의 목적은 '나'였다.

그래서

내 삶의 모든 선물들은 '그럼에도 불구하고' 주어진 것이라고 여겼다.

그러나 하나님은 그렇지 않다고 말씀하신다.
"네 삶의 모든 선물들은 '그래서' 주어진 것이다.
내가 너를 사랑하기 때문에, 그래서…"

'그럼에도 불구하고'의 염치 없는 삶인 줄 알았는데
'그래서'의 자격 있는 삶이라고
당당히 그의 품에 안기라고, 당당히 세상을 안으라고 말씀하신다.

Between the Lights

그 아들 The Son

아바

"아바"
당신을 부르던 이름 내게 주고
당신의 외아들 예수는
"나의 하나님 나의 하나님"이라고 외쳤다.
"어찌하여 나를 버리셨나이까"라고 절규했다.

가장 아바를 찾고 싶던 고통의 순간 그는
그 이름을 잃어야 했다.

당신의 외아들을 외면하면서까지
내게 주고 싶으셨던 이름.
내게 듣고 싶으셨던 이름.

그래서 당신의 수많은 이름 가운데 내가 가장 사랑하는 이름, 아바.

의의 옷

내 죄가 그 아들의 손에 못 박는 망치를 보며
하늘의 재판관은 내게 판결의 망치를 두드렸다.

"무죄. 더 이상 너는 죄인이 아니다."

그러고는
내 죄가 벗긴 그 아들의 옷을
내게 입혀 주셨다.

"네게 입히기 위하여 내 아들 예수가 벗은 의의 옷이다."

하나님이 죄를 알지도 못하신 이를 우리를 대신하여 죄로 삼으신 것은 우리로 하여금
그 안에서 하나님의 의가 되게 하려 하심이라. 고린도후서 5:21

중보자

나에게 하나님을 말하고
하나님께 나를 말한다.

그의 십자가, 하나님의 모든 진노 받아내어
'하나님을 사랑이라' 나에게 말하고
그의 피, 내 모든 더러움 씻기어
'나를 깨끗하다' 하나님께 말한다.

그는 중보자,
그는 예수.

하나님은 한 분이시요 또 하나님과 사람 사이에 중보자도 한 분이시니 곧 사람이신 그리스도 예수라. 디모데전서 2:5

그토록

주님이
그 모든 것을 견뎠음은
그 모든 형벌을 다 받아내어 나를 깨끗하게 하였음은

그가 거할 수 없는 더러움이 씻겨지지 않고는
내 안에 올 수 없었기 때문이다.
죄 안에 있는 나를 사랑할 수는 있어도
죄 안에 있는 나와 하나될 수는 없었기 때문이다.

그는 그토록
내게 오고 싶었다.

근거

한 줄기도 새지 않고
하나님께로 흐르는 내 마음과 생각, 말과 행동, 모든 것이
예수를 통과하여 이르는 것이 감사하다.

모든 더러움을 맑게 하는 예수의 십자가를 통과하여
하나님께 이르는 것이 감사하다.

이 사실 외에
내 약하고 악한 삶이 자유의 근거를 찾을 곳이 없다.
모든 것을 아시는 하나님 앞에서 담대함의 근거를 찾을 곳이 없다.

자유

수많은 공간 가운데 나와 닿는 지성소를 가장 아름답게 보시고
수많은 시간 가운데 나와 닿는 예배를 가장 소중하게 여기시는 분.

그러기에 늘 그곳에서 그때를 기다리셨던 당신은
어느 곳에서나 어느 때나 나를 만나기 원하셨고,
아들의 몸을 찢어 그 구별의 휘장을 찢으셨다.

모든 시간과 공간의 주인이나,
예배라는 시간에 지성소라는 공간에 가두어졌던 당신은
그렇게 자유를 얻었다.

그렇게 내게도
지금 이곳에서 당신을 만날 수 있는
자유가 주어졌다.

그러므로 형제들아 우리가 예수의 피를 힘입어 성소에 들어갈 담력을 얻었나니 그 길은
우리를 위하여 휘장 가운데로 열어 놓으신 새로운 살 길이요 휘장은 곧 그의 육체니라.
히브리서 10:19-20

은혜의 보좌

그는 나에게 오기 위하여 끊임없이 문 두드리며 기다렸는데
내가 그에게로 가는 길은 언제나 열려 있으며 그 문은 닫힌 적이 없다.

그는 그 아름다운 모습을 하고도 내게 수없이 거절당하였는데
나는 아무리 더러운 모습을 하고도 그에게 거절당할 수 없다.

고개를 숙여 나를 볼 때면
도저히 납득하기 어려운 가당치 않은 권리.

그러나 나는
숙였던 고개를 들어 그의 십자가를 바라보며
은혜의 보좌 앞으로 담대히 나아간다.

그러므로 우리는 긍휼하심을 받고 때를 따라 돕는 은혜를 얻기 위하여 은혜의 보좌 앞에 담대히 나아갈 것이니라. 히브리서 4:16

사함의 땅

심판 받을 죄와
사함 받을 죄가 있다고 생각했는데
심판 받는 땅과
사함 받는 땅이 있다고 성경은 말한다.

악한 사람이 죄인이고
선한 사람이 의인이라고 생각했는데
심판의 땅에 선 사람이 죄인이며
사함의 땅에 선 사람이 의인이라고 성경은 말한다.

모든 더러움을 맑게 하는 보혈의 강물이 흐르고 닿는 땅.

새로운 피조물

자기의 죄를 보며 스스로 악하다 여기는 것이나
자기의 의을 보며 스스로 선하다 여기는 것이나
자기를 보는 것은 마찬가지다.
십자가로부터 오지 않은 죄의식과 의의식은 동일하다.

십자가를 볼 때
그 모든 나는 사라지고, 그리스도로 옷 입은 새로운 피조물만 존재한다.

의義

교만한 이가 드러내는 '자기의 의'는
구원의 방해물이며

겸손한 이가 받아들이는 '십자가의 의'는
구원의 선물이다.

수고와 쉼

십자가에서 이미 얻은 자격을 얻기 위하여 애썼다.
'땀 흘림'으로 예수의 피를 헛되이 했다.

십자가에서 부여 받은 자격을 사용하기 위하여 애쓰지 않았다.
'땀 흘리지 않으므로' 예수의 피를 헛되이 했다.

십자가를 이해하지 못하고서 나의 수고와 쉼은 어리석었다.

몰입

자신의 죄에 몰입하는 사람은
훌륭한 인격의 사람일지 모르나
훌륭한 믿음의 사람은 아니다.

성도는
자신의 죄가 아닌
죄를 사해 준 분의 은혜에 몰입하는 사람이다.

참소하는 원수의 소리가 아니라
용서하는 보혈의 소리를 듣는 사람이다.

죄책감

죄책감을 느끼지 않는 사람은 양심이 없다.
죄책감을 짊어지고 사는 사람은
양심이라는 인간적인 마음은 있으나 십자가라는 하나님의 마음이 없다.

그리스도인은
양심과 더불어 십자가를 가진 사람이다.
죄를 알되 그 죄를
자신의 마음에 두기보다 하나님의 마음으로 가지고 가는 사람.

자책

스스로 책망하는 마음에서 벗어나
스스로 책임지는 행동으로 나아가지 않는다면

자책은
부족한 자신의 모습에 함몰된 지독한 '자기중심성'일 뿐이다.

잘못을 하고
하나님께 벌 받을까 두려워하는 마음,
혹은 용서 받았으니 상관없다는 마음은
둘 다 죄의 근원보다 죄의 결과에 더 민감한 데서 비롯된다.

죄에 대한
벌은 하나님과의 단절이고 용서는 하나님과의 화해이다.
근원에 대한 이야기이다.

보혈의 죄사함을 믿는 이는
하나님과 회복된 관계 안에서 잘못에 대한 결과를 담담히 직면함으로
자신의 죄로 인해 상처받은 세상과의 회복을 위해 애쓴다.

다윗은 또다시 자신의 죄로 인한 아들의 죽음을 보아야 했다.
아들 압살롬의 죽음 앞에서 다윗은 통곡했다.

밧세바 범죄 이후의 다윗은 담담히 흐르는 거대한 강 같다는 생각을 한다.
자신의 죄의 결과를 목도하고 또 받아내며
마음에 눈물을 가득 담고 걸어간다.

그러나 다윗은 여전히 하나님을 사랑하고 더 깊어졌다.
슬픔이 웅덩이가 되어 침잠하기보다 깊은 강물이 되어 하나님께로 흘렀다.

하나님의 용서는 다윗을 여전히 사랑받는 자로 살게 했다.
나단 선지자가 말한 죄의 결과가 지워지지 않았음에도
자신이 사랑받는 자임을 알았기 때문에 참혹함 속을 무너지지 않고 걸어갔다.

회개

회개는
하나님이 나를 용서하시기 위한 '조건'이 아니라
내가 용서의 빛 안으로 들어가는 '선택'이다.

집으로 발걸음을 돌리지 않은 시간에도 탕자를 기다린 아버지처럼
아직 돌이키지 않은 시간에도 하나님은 나를 이미 용서하셨기 때문이다.

빛 아래

어두운 그림자 아래서도 너무나 잘 보이는 나의 죄,
먼지조차 숨길 수 없는 환한 빛 아래서는 얼마나 적나라할까 두려웠다.

그러나
어떤 것도 숨길 수 없는 그 빛 아래
내 더러움은 더 이상 보이지 않았다.

그 찬란한 광채 가운데 밝히 드러난 것은
나의 죄가 아니었다.
나의 죄가 씻기었다는 진리였다.

네가 선하면 너를 사랑하고 복 주리라.
네가 악하면 너를 용서하고 사랑하고 복 주리라.

선하나 악하나 같은 결말,
선하면 상 받고 악하면 벌 받는 것이 공의인 세상에서
더 이상 파격적일 수 없는 법.

십계명을 돌판에 새긴 그 손으로 바닥에 다시 쓰신
은혜의 법.
정죄하는 이들을 향해 "죄 없는 자가 돌로 치라" 말씀하시며 건져 주신
용서의 법.

그들이 묻기를 마지 아니하는지라 이에 일어나 이르시되 너희 중에 죄 없는 자가 먼저
돌로 치라 하시고 다시 몸을 굽혀 손가락으로 땅에 쓰시니. 요한복음 8:7-8

파격의 법 2

악인이 용서받고 사랑받고 복 받는 것은 불의라고
공의의 하나님이라면 그럴 수는 없다고 생각할 때가 있었다.

도저히 용서받아서는 안 된다고 판단했던 그 악인이
바로 나임을 알지 못했기 때문이다.

하나님의 사랑이 합당할 만큼 선한 자는 아무도 없다.
납득되지 않는 이 파격의 법이 아니라면
그 누구도 사랑받을 길이 없다.

기록된 바 의인은 없나니 하나도 없으며. 로마서 3:10

도피성

나의 도피,
수없이 찔림을 당하기 때문인 줄 알았는데
수없이 찌르기 때문이었다.

저 험악한 살인자를 위한 은혜, 도피성은
나를 위한 곳이었다.
형벌 받아야 마땅한 나를 품어 주는 곳이었다.

너희를 위하여 성읍을 도피성으로 정하여 부지중에 살인한 자가 그리로 피하게 하라.
민수기 35:11

닿는 마음

주님과 닿는 마음이

깨끗한 마음이 아닌
정직한 마음인 것이 감사하다.

씻을 수 없는 더러움도
고백할 수는 있으니.

닿은 마음

주님과 닿는 마음은 정직하다.
주님과 닿은 마음은 깨끗하다.

주님의 십자가와 닿아서 깨끗해진 마음에 주신 약속
"마음이 청결한 자는 하나님을 볼 것이요."

육신이 되신

내 삶에는
말씀이신 그리스도만 있었다.
말씀이 육신이 되신 그리스도는 없었다.

말씀으로 천지를 창조한 분이
말씀으로 내게 구원을 줄 힘이 없으셨을까?
그러나 그는 육체를 입고 나무 십자가를 지고 골고다를 걸어 올랐다.

엄청난 말씀의 권능을 가진 신도 행함으로 사랑을 보여 주었는데
나는 사랑을 말하기에 바쁘다.

행함

행함으로 구원을 얻을 수 없다.
그러나 구원받은 자는 행하지 않을 수 없다.

행함으로 사랑을 얻을 수 없다. 그러나 사랑받은 자는 행하지 않을 수 없다.
행함으로 용서를 얻을 수 없다. 그러나 용서받은 자는 행하지 않을 수 없다.

믿음과 행함

믿음을 강조하여 값싼 복음이라는 말을 듣기도 하고
행함을 강조하여 율법주의라는 말을 듣기도 한다.

그러나
믿음과 행함은 대척되는 것이 아니라 분리될 수 없는 것이다.

목 타는 이가
물에 대한 믿음이 있다면 물 마시는 행위를 할 수밖에 없으며
그로 인해 그는 생명을 얻는다.

이와 같이 행함이 없는 믿음은 그 자체가 죽은 것이라. 야고보서 2:17

말과 행함

믿음과 행함은 분리할 수 없지만
말과 행함은 분리해서 보아야 한다.

선을 믿으며 악을 행할 수 없지만
선을 말하며 악을 행하는 경우는 흔하다.

움직임

행함은 움직임인데
몸의 움직임은 잘 보이지만 마음의 움직임은 잘 드러나지 않는다.
그래서 몸보다 마음이 게으르고 악하기 쉽다.

온전한 행함

나로 살 때 행할 수 없던 법을
그리스도로 살 때는 행할 수 있다.

온전한 행함은
노력이 아니라 죽음이 필요하다.

내가 죽고 그리스도가 살아야 가능하기에.

열매 1

행함을 믿음의 열매로 보기도 한다.
그렇다고 열매 없는 이를 믿음이 없다고 함부로 판단해서는 안될 일이다.
아직 열리지 않았을 뿐
볕과 바람과 비를 맞으며 흙속에서 줄기 속에서 자라고 있을지도 모르니.

열매 2

행함이라는 열매로
타인의 믿음을 판단하는 것은 어리석지만
자신의 믿음을 점검하는 것은 지혜롭다.

기뻐하지 않는 나는, 죄의 속박에서 벗어난 온전한 자유를 믿는가?
기도하지 않는 나는, 기도의 실제를 믿는가?
감사하지 않는 나는, 신의 생명이라는 엄청난 선물로
하루를 살아감을 믿는가?

이미

사랑받기 위해서가 아니라
이미 사랑받았기 때문에

복 받기 위해서가 아니라
이미 복 받았기 때문에

승리하기 위해서가 아니라
이미 승리했기 때문에

무엇인가를 행한다.

그리스도인의 모든 행위는
얻기 위한 수단이 아닌
이미 얻은 것에 대한 반응이 되어야 한다.

무조건

무조건적인 사랑을 모르는 이는 행위로 인정받으려 하고
무조전적인 사랑을 깨달은 이는 행위를 가벼이 여긴다.

모르는 이에게 오해 받아도
깨달은 이에게 이용 당해도
그는 조건 없는 사랑을 후회한 적이 없다.
사랑에 조건을 단 적이 없다.

삶으로

신의 사랑을 몰라서 사랑으로 못사는 것이 아니라
사랑으로 살지 못하여 신의 사랑을 제대로 몰랐다.

앎으로 사는 것이 아니라
삶으로 아는 것이었다.

그러니
하나님의 사랑이 관념적으로만 느껴지고
창조주가 나를 사랑한다는 엄청난 사실에 감격이 없다면

더 잘 알려고 하기보다
더 잘 살려고 하는 편이 낫겠다.

정반합正反合

흔들리며 자라가는 정반합의 성장은

생각과 생각이 부딪쳐 일어나지 않는다.
생각과 행동이 부딪쳐 일어난다.

앎과 앎이 부딪쳐 일어나지 않는다.
앎과 삶이 부딪쳐 일어난다.

믿음 없이, 행함 없이

보지 못해 믿지 않는 것이 아니라, 믿지 않아 보지 못한다.
알지 못해 행하지 않는 것이 아니라, 행하지 않아 알지 못한다.

믿음 없이 보는 것은, 본질이 아닌 현상일 뿐이며
행함 없이 아는 것은, 지혜가 아닌 정보일 뿐이다.

옳음

'자신의 옳음 대로' 살아가는 사람이 무섭다.
옳을수록 그른 것이 많아지니 엄격해질 수밖에 없고,
자신과 다른 이가 '그름'으로 보이니 고치고 싶어 한다.

내가 생각하는 옳음이 절대적일 수 없으며
잘못되었을지도 모른다는 가정이 언제나 있는 사람,

'자신이 아는 만큼' 살아가는 사람을 가까이 하고 싶다.
알수록 모르는 것이 많아지니 겸손해질 수밖에 없고,
자신과 다른 이가 '모름'으로 보이니 알고 싶어 한다.

생명을 따라

옳은 것이 언제나 살리는 것은 아니나,
살리는 것은 언제나 옳다.

옳음에 따라 살기보다
생명을 따라 살고 싶은 이유.

나의 성공이 불균형한 세상의 한부분을 담당하고 있는지도 모른다.
나의 행복이 타인을 불행하게 만들 수도 있다.
나의 소비는 자연을 파괴하는 과정이기도 하다.
나의 말과 행동은 의도 없이도 타인에게 숱한 상처를 준다.
심지어 내가 상처받는 그 순간조차 상대를 가해자로 만드는 상처를 준다.

모두가 죄를 지으며 살아간다.
촘촘히 짜여진 악의 세상에서, 각자의 기준으로 판단의 선을 긋는다면
정죄의 그물에 걸리지 않을 사람이 없다.

선하게 보이는 모습이 거대한 구조적 악에 기여하기도 한다.
악하게 보이는 모습이 그 구조적 악에 의한 피해이기도 하다.
누가 선하고 누가 악한가를 가르는 선은
완전히 공정하기도, 선명하기도 어렵다.

사람은 결코
완전히 의로울 수도, 의로운 재판관이 될 수도 없다.

정의

십자가로부터 세상에 흐르게 할 정의는

재판관이 되어 불의한 이들을 심판하는 것이 아니라
청지기가 되어 불의한 영역을 살리는 것이다.

비판 1

타인을 비난하는 순간
자신은 그보다 더 낫다고 믿는다.

그 믿음은 착각이겠지만, 사실이라 치더라도

비판은
상대보다 낫기 때문이 아니라
상대를 사랑하기 때문에 하는 것이다.

비판 2

비판의 전제는 나의 정의로움이 아니라 상대에 대한 애정과 긍휼.
비판의 대상은 존재가 아니라 행위.
비판의 목적은 정죄하기 위함이 아니라 살리기 위함.

비난

경멸하는 사람의 모습과 동일한 뿌리가
내 안에는 없는가를 돌아볼 때

비난은 멈출 수밖에 없다.

과도한 비난

과도한 비난,
실은 자기 이야기를 하고 있다.

누군가를 비난하는 말이나 마음을 멈추는 순간이 있다.
갑자기 착한 모드가 되려는 것은 아니고
숨은 내 이야기를 찾으려고.

한 유명인의 행보에 대한 악의적인 비난을 볼 때마다 너무 싫고 화가 났다.
그 험한 댓글들 안에 실은 그들의 이야기가 있을 테고
그들을 보며 가지는 불편함 안에는 또 내 이야기가 있을 것이다.

부끄러운 순간

내 판단이 맞고 옳기를 바란다.
하지만 사람에 대한 부정적인 관점이 생길 때는 그 반대를 기대한다.
시간이 흘러 내 판단이 섣부른 것이었음을 깨닫기를.
그 사람이 나를 부끄럽게 만들어 주기를.

그 부끄러운 순간에 내 마음이 낮아지고 내 눈이 깊어진다.
판단의 근거가 타당하고 명백했을수록 더 많이.

통찰

재단은 단면이 드러나지만
포용은 전체를 감싼다.

그래서인지 깊은 통찰은
비판적 시각보다 따뜻한 마음에서 나오는 것 같다.

부분적 논리로는 맞아 보이는 비판이
더 큰 관점으로 시각을 넓히면 잘못된 경우가 많다.
부분을 보면 비판할 수밖에 없지만
전체를 보면 이해할 수 있는 것들이 많다.

이해

상대의 모습이 불편할 때

'저 사람은 왜?'가 아니라
'저 사람에 대한 내 마음은 왜?'라는 질문을 먼저 하는 것은
자신을 이해하도록 도와줄 뿐 아니라
상대를 이해하도록 도와준다.

먼저 스스로를 성찰하여
상대에 대한 반응에 투영된 자신의 감정을 분리해 내면
'저 사람은 왜? 도대체 왜 그래?'라는 판단의 시선이
'저 사람은 왜? 이유가 뭘까?'라는 이해의 시선으로 바뀐다.

어떤 대상에 가지는 첫인상은 그 대상이 아니라 나로부터 기인한다.
나의 시선은 대상을 판단하는 도구가 되기 전에 나를 성찰하는 도구가 되어야 한다.
성찰을 통해 나를 분리해 내면, 대상에 대한 시선은 더 정확하고 따뜻해진다.

하나님의 법

하나님의 법은
내가 그 법을 지키는 것보다
그 법이 나를 지키는 것에 목적이 있다.

하나님의 관심은
'내가 지켰는가'보다 '내가 지켜졌는가'이다.

그 사랑의 마음을 헤아릴 때
그의 계명으로부터 부담이 아닌 돌봄을 느끼게 된다.

하나님이 나를 보듯, 나도 타인을 보는가를 돌아본다.
신호등을 어긴 사람에게 혹 다치지는 않았을까 하는 염려보다
그 행동에 대한 비난을 먼저 쏟아내는 장면과 같은 모습이 내게 없는가를 살핀다.
'그가 지켰는가'의 시선으로 판단하기보다
'그가 지켜졌는가'의 시선으로 보듬을 수 있기를 기도한다.

응원

혹독한 대가를 치름으로 성장하는 경우도 보았고
넘치는 호의를 받음으로 성장하는 경우도 보았다.

마음이 회복되어 삶이 풍성해지는 경우도 보았고
삶이 풍성해짐으로 마음이 회복되는 경우도 보았다.

인생의 모양은 다양하고
한 사람의 여정에 하나님이 하시는 일, 하실 일을
우리는 다 헤아리고 예측할 수 없다.

그러니 우리 삶의 어떤 안타까운 장면에서도
섣부른 판단보다는 따뜻한 응원으로 함께하고 싶다.

한 사람을 마주할 때

해석하려 하기보다 그저 바라볼 수 있기를
통찰하려 하기보다 경탄할 수 있기를

자연을 마주하듯

Between the Lights

그의 생명 His Life

상실함으로

그리스도인의 삶은
나를 상실함으로 나를 발견해가는 여정이다.

몰입

어떤 대상에 대한 몰입의 기쁨은
근원적으로 자기몰입이라는 지옥에서 벗어나는 기쁨이다.

자아가 사라지는 몰입의 행복을 경험할 때면
Not I but Christ라는 자기부인의 의미를 조금은 이해할 수 있을 것 같았다.
내가 사라지지만 더 나다운 내가 되는 신비.

나

'나'라는 지옥에 머물며 천국을 구한다.
'나'라는 감옥에 머물며 자유를 구한다.
'나'라는 절망에 머물며 소망을 구한다.

나로부터 벗어나는 것이 먼저.

지옥

천국은 나를 버리는 곳이고
지옥은 나를 섬기는 곳이다.

그렇다면 나는 지옥을 바랄 때가 얼마나 많았는가?
내 뜻대로 하고, 내 뜻대로 되는.

지옥의 근원적 의미를 안다면
사람들은 불신지옥이라는 피켓에 지금처럼 거부감을 느끼지 않을 것 같다.
자기를 버리는 천국의 기쁨을 알지 못하는 이들에게
지옥은 끔찍한 곳이 아니라 오히려 매력적인 곳일 테니.

교만

내가 하나님을 원망한 것은, 하나님이 내 생각과 달랐기 때문이다.
내가 사람에게 상처받은 것은, 그 사람이 내 생각과 달랐기 때문이다.
내가 삶을 그만두고 싶었던 것은, 삶이 내 생각과 달랐기 때문이다.

하나님도 사람도 삶도 내 생각대로 안되니까 싫은 거다.
왜 내가 원하는 대로 되어야 할까? 신이 되고 싶은 본성이다.
신을 대신하여 신이 되려고 하는 교만, 근원의 죄를 회개한다.

겸손

겸손은 자신을 드러내지 않는 것이다.

자아가 죽지 않고서,
겸손은 자신을 드러내는 또 하나의 방법일 뿐이다.

유리한 조건

내가 죽어야 그리스도가 살 수 있다면
내가 깨져야 그리스도가 드러날 수 있다면

죽지 않고서는, 깨지지 않고서는 도저히 버틸 수 없는
극심한 두려움, 상처, 수치, 고통들은

내가 죽고 그리스도가 살기에
내가 깨지고 그리스도가 드러나기에
매우 유리한 조건이 될 수 있다.

깨어짐

내가 사람의 말에 쉽게 깨어짐은
하나님의 말씀에 깨어지지 않았기 때문이다.

혼과 영과 관절과 골수를 찔러 쪼개는 말씀의 빛에
나를 부수고 부수지 않는다면

아무리 깨어진다 한들
하나님이 빚으시는 고운 가루가 되지 못하고
만지면 찔리는 날카로운 파편에 머물러 있을 수밖에 없다.

하나님의 말씀은 살아 있고 활력이 있어 좌우에 날선 어떤 검보다도 예리하여 혼과 영과 및 관절과 골수를 찔러 쪼개기까지 하며 또 마음의 생각과 뜻을 판단하나니. 히브리서 4:12

무엇을 버렸는가

무엇을 얻었는가가 아니라
무엇을 버렸는가를 보면

진짜인지 알 수 있다.

사랑 때문에
사명 때문에
주님 때문에
내가 추구하는 무엇 때문에
버린 것이 있다면
버릴 수 있었음이 그저 감사하다면
그 삶의 시간은 진짜이다.

진짜를 만날 때

말이 아닌 삶이 메시지인 사람, 진짜를 만날 때
나는 심플해진다.
나를 어지럽히던 헛되고 거짓된 소리들이 잠잠해지고
그저 주님 앞에 내 삶을 부어드리고 싶은 갈망만이 남는다.

맨발의 걸음으로 예수와 통일을 외치며 미치광이로 취급받는 할아버지의 영상을 보고
한참을 소리내어 울었다.
마음이 아파서가 아니라, 진짜를 마주했기에.

할아버지는 높은 자리에서 고상한 모습으로 낮은 이들을 가르치지 않았다.
많은 재산을 전부 나누고 초라한 모습으로
높은 지식을 자랑하지 않고 우둔한 모습으로
정말로 낮아졌다. 낮아지고 낮아져 간절한 외침은 사람들에게 외면당했다.

돌아가신 후, 비로소 그의 삶은 내게까지 생명으로 흘러왔다. 예수의 삶처럼.
최춘선 할아버지, 고맙습니다.
내 마음이 허망한 것들로 흐려질 때마다 할아버지의 영상을 찾아봐요.

믿음

믿음은 선택이라는데

신을 인정할 것인가, 말 것인가
그 신이 하나님인가, 다른 신인가의
선택인 줄 알았다.

그러나 참된 믿음은
사느냐 죽느냐의 선택이었다.

내가 죽고 그리스도가 사는 선택.

기도

이 간절함은… 매달림은…
얻기 위함이 아니라 버리기 위함이다.

기도 없이도 얻은 것들 셀 수 없지만
기도 없이 버릴 수 있었던 것 하나도 없으니

늘 이미 아시고 채워 주시는 넉넉한 아버지에 대한 믿음이
게을리 기도할 이유가 될 수 없는 것은
버리기 위함이다.

핏방울과 같은 땀을 떨어뜨리며 하셨던
감람산 주님의 기도가 그러했듯
'버리기' 위함이다.

십자가를 '얻기' 위함이다.

십자가 1

십자가는
예수를 그리스도 되게 하는 그 이름의 이유이다.

십자가를 지라는 말씀은
그 이름을 나누어 그리스도로 살게 하는 초대이다.

인간에게 신의 형상을 주기 위해
신이 인간의 형상을 입은 곳, 십자가에서
그리스도의 형상을 얻고 그리스도인이라는 이름을 얻는 것은
피조물에게 허락된 가장 큰 선물이다.

십자가 2

'십자가를 질 수 있나'라는 물음에 선뜻 답할 수 없는 이유는
그 무게에 대한 두려움 때문이다.
하지만 주님은
수고하고 무거운 짐 진 자들에게 쉼을 주리라 하셨지
더 무거운 것을 주리라 하신 적이 없다.

그에게 십자가는 형벌이었고 두려움이었으나
나에게 십자가는 선물이고 사랑이다.
그가 진 것은 나의 죄가 담긴 십자가였으나
그가 준 것은 그의 피가 담긴 십자가이기 때문이다.

그가 지신 감당할 수 없는 죄의 무게로 인하여
내가 지는 것은 감당할 수 없는 사랑의 무게이다.

십자가에서
내 죄의 무게와 바꾼 그의 사랑의 무게는
혼자 감당할 수 없다.

나누고 나누어야 한다.
십자가를 지는 삶은 그 사랑의 무게를 나누는 삶이다.

때로 고난이기도 하지만 기쁨일 수밖에 없는 삶이다.
영광스러운 선물을 받은 자의 반응이며
영광스러운 결말을 아는 자의 경주이기 때문이다.

우리가 그와 함께 영광을 받기 위하여 고난도 함께 받아야 할 것이니라. 로마서 8:17

할 수 있는

예수의 고난과 희생,
그가 행했으니 우리도 따라 해야 한다는 주장이 있고
그가 마쳤으니 우리는 필요 없다는 주장도 있다.

'해야 하는' 것이나 '필요 없는' 것보다
'할 수 있는' 것으로 나는 여긴다.

예수의
고난
희생
죽음
그리고 부활,
나도 그의 길에 참여 '할 수 있는' 영광이 주어졌다.

낮아짐

끊임없이 오르려 한다.
더 높은 수입, 더 높은 지위, 더 높은 지식, 더 높은 존중…
삶의 이러한 방향은 무의식이 되었고 당연한 것이 되었다.

때로 낮음을 추구하는 마음을 만나기도 하지만
깊이 들여다보면 '낮은 곳'이 아닌
'낮은 곳을 향하여 베푸는' 더욱 차원 높은 삶을 향하고 있음을 발견한다.

결국 나는 높음을 추구하는 본성을 거스르고 스스로 낮아지는 것이
불가능한 존재이다.
세상의 가장 비천한 곳까지 낮아지고 낮아진 예수,
그의 생명을 얻어 존재가 바뀌는 것 외에 낮아짐의 길이 내게 없다.

빛

—

빛을 받기보다
빛을 발하기를

세상의 빛을 받기보다
세상에 빛을 발하기를

받는 빛을 통해 내가 드러나지만
발하는 빛을 통해 그리스도가 드러나니

—

높아지기보다
낮아지기를

높아질수록 많은 빛을 받지만
낮아질수록 많은 빛을 발하니

지극히 낮아지심으로
세상의 빛이 되신 분이 보여주셨듯

누구

무엇을 가졌는지는 아무것도 아니다.
누구를 가졌는지가 전부이다.

예수.

'내가 가진 분'으로 빛나는 장면을 마주할 때
'내가 가진 것'으로 빛나는 장면은 부끄럽다.

내가 알던

내가 알던 진리는 명제였고 이론이었으나
진짜 진리를 만나고 보니 그 모습은 인격이었다.

내가 알던 믿음은 '진리에 대한 확신'이었으나
진짜 믿음을 경험하고 나니 그 실체는 '진리와의 관계'였다.

예수께서 이르시되 내가 곧 길이요 진리요 생명이니 나로 말미암지 않고는 아버지께로
올 자가 없느니라. 요한복음 14:6

믿음

믿음은
확신이 아니라 관계이다.

그래서인지
내 마음이 확신으로 차 있을 때가 아니라
내 마음이 주님의 마음과 닿을 때
믿음의 결과가 나타나는 것을 경험하게 된다.

문제

아무리 큰 문제도
믿음보다 클 수는 없다.

문제는 땅으로부터 비롯되고
믿음은 하늘로부터 비롯되기 때문이다.

그러고 보니
큰 문제 앞에서 큰 믿음이
작은 문제 앞에서 작은 믿음이
필요하다는 생각이야말로 문제였다.

겨자씨 한 알 만큼의 믿음, 즉 아무리 미미한 믿음이라도
산을 옮기며 또 못할 것이 없다고 하신 말씀은 믿음은 문제를 초월한다는 의미이다.

믿음의 크기

믿음을
문제 해결을 위한 초능력 정도로 여기니
필요한 믿음의 크기를 문제의 크기에 비례시킨다.

믿음의 크기는
하나님을 아는 크기이다.

클수록 큰 문제를 해결하는 것이 아니라
클수록 큰 감사를 하게 된다.

믿음의 근거

내 인격이 아닌, 신의 성품에 참여한 자라는 말씀
내 소유가 아닌, 부요한 자라는 말씀
내 성패가 아닌, 넉넉히 이긴다는 말씀

하나님에 대한 믿음뿐만 아니라 내 자신에 대한 믿음의 근거도
보이는 모습이 아닌 말씀으로부터 얻기.

기도

더 이상 지혜로울 수 없는 이의 생각을 설득하려 애쓰고
더 이상 긍휼할 수 없는 이의 마음을 감동시키려 애쓴다.

때로 나의 기도는 이렇게도 어리석다.

나의 애씀으로 그의 사랑을 한 자락도 더할 수 없음은
그는 이미 더 할 수 없는 자신의 전부로 나를 사랑하고 있기 때문이다.

교감

내가 원하는 대로 해 달라는 주인의 자리,
당신이 원하는 대로 명하라는 종의 자리에서보다

내 마음과 아버지의 마음이 교감하는
아들의 자리에서
기도는 살아 움직인다.

기도는 하나님이 나와 '함께' 일하시는 방법이다.
일방적으로 구하거나, 일방적으로 명하기를 기대하는 것은
하나님의 마음이 소외된 피상적인 기도일 수밖에 없다.

하나님의 마음으로

나의 기도,
하나님의 마음을 움직이기 위함인가?
하나님의 마음으로 움직이기 위함인가?

하나님의 마음을 움직이려고 기도하면
어디서 어떻게 기도해야 할지, 하나님께 뭐라고 해야 할지 참 막막하다.
설득을 해야 하나, 사정을 해야 하나, 주라고 울어야 하나, 주심을 믿고 웃어야 하나.

그러나 하나님의 마음을 가지려고, 그 마음으로 행하려고 기도하면
하나님의 마음을 묵상하게 된다. 하나님의 마음을 묻게 된다.
그리고 담대히 구한다.

기도의 역사

의인의 기도는 역사하는 힘이 크다고 했다.

그 역사는
내 기도와 반대일 수도 있고
보이지 않는 것일 수도 있고
아무런 일이 일어나지 않는 것일 수도 있다.

내 간구와 일치된 결과만이
응답된 기도가 아니며
훌륭한 기도의 결과도 아니며
자랑할 일도 아니다.

고통의 잔이 지나가기를 간구했던 예수의 기도와
고통의 병이 사라지기를 간구했던 바울의 기도는
이루어지지 않았다.
그러나 그 기도의 역사로 세상의 역사가 만들어졌다.

순종

주님 말씀하시면
순종하겠다고 기도한다.

이미 하신 말씀도 순종하지 않으면서.

"항상 기뻐하라. 쉬지 말고 기도하라. 범사에 감사하라."
명쾌하게 이미 주신 말씀.

예수는 길

예수는 길이다.

단절되었던 하나님과 나 사이의
길이 되어준 분이다.

그런데
하나님께 가기 위해 그를 찾기보다
원하는 곳에 가기 위해 그를 찾는다.

예수께서 이르시되 내가 곧 길이요 진리요 생명이니 나로 말미암지 않고는 아버지께로
올 자가 없느니라. 요한복음 14:6

그의 길

이것을 할까 저것을 할까, 이곳을 갈까 저곳을 갈까
주님의 뜻을 물을 때 나는

그의 길을 따르기보다
나의 길을 이끌어 주기를 구하고 있었다.

그의 길은

이것을 할지 저것을 할지보다
'무엇을 하든' 주께하듯 하며

이곳을 갈지 저곳을 갈지보다
'어디에 있든' 하늘나라를 사는 것이기에.

즐거움으로

빛은 특정한 길 위에 있지 않았다.
그 모든 길과, 길이 없는 곳까지도 비추고 있었다.

그러니
이 길이 맞을까 저 길이 맞을까를
두려움으로 고민하기보다

이 길에 비추는 빛의 모양은 어떨까
저 길에 비추는 빛의 컬러는 어떨까를
즐거움으로 발견해 가기.

마음껏

내가 아는 주님은
미로찾기를 주시며 내가 최적의 길을 찾는지 지켜보시는 분이 아니라
도화지를 주시며 내게 마음껏 길을 그리라고 응원하시는 분이다.

하나님은 그가 지으신 생명들을 아담에게 이끌고, 아담이 무엇이라고 부르나 보셨다.
아담이 좋은 이름을 짓는가를 보신 것이 아니라
아담이 이름 짓는 것을 보는 것이 그저 좋으셨다.

길

길이 보이지 않을 때라도
주님을 바라볼 수는 있다.

아브라함,
그가 갈 바를 알지 못하였다고 하나, 그럼에도 떠날 수 있었음은
그는 바라보아야 할 바를 분명히 알았기 때문일 것이다.

주님을 따르는 여정,
길은 우리 앞의 이정표가 아닌 우리 뒤의 궤적으로 나중에야 볼 수 있을 때가 많다.
길 대신 주님을 따라 걸은 후에야 길 되신 주님을 알게 된다.

동행자

하나님은 내 여정의 목표점이 아니라 동행자이다.
골인 지점에서 손들고 기다리는 분이 아니라
나와 함께 레이스를 뛰는 분.

엉망인 내가 헉헉대며 그의 온전함을 추구하는 것이 아니라
엉망인 내 모습 그대로 그와 걷다 보면 어느새 그와의 연합에 이르는 것.

목표라는 일방이 아닌, 관계라는 쌍방이
숨차고 막막한 마음을 쉬게 한다.

정직

마음의 소원과 고통, 부지중 올라오는 생각, 삶의 다양한 정황에 대처하는 자세에 대하여 그것들을 끌어낸 표면 아래의 동기를 살피는 노력을 의식적으로 하고 있다. 포장되지도 걸러지지도 않은 가장 깊은 곳의 소리를 듣는 것은 모든 일의 시작점이고 모든 관계의 접점이다. 그러니 스스로에게 정직하지 않은 것만큼 삶을 더디게 하는 것이 없다. 자기기만으로 인한 아픈 허비 뒤에 정직하지 않은 인생에 답이 없음을 경험한다. 이런 내게 정직은 인격이나 도덕적인 성숙같이 고상한 목적과는 좀 다른 차원의, 훨씬 더 절박한 것이다.

정직하지 않으면 성찰할 수 없다. 성찰하지 않으면 자랄 수 없다.
그래서 정직하지 않은 인생은 앞으로 나아갈 수 없다.

마음의 중심

7만 명의 죽음은
다윗의 행동 때문이 아니라 다윗의 마음 때문이었다.

감춰지고 위장되어 스스로조차 알아채지 못하는 곳까지
무섭도록 마음의 중심을 보시는 하나님.

그 하나님 안에서 모든 일은
'무엇을 하는가'가 아닌
'어떤 마음으로 하는가'에 달렸다.

한 나라의 역사를 움직인 것도 마음이었다.
내 삶을 움직이는 것도 마음이다.

다윗이 백성을 조사한 후에 그의 마음에 자책하고 다윗이 여호와께 아뢰되 내가 이 일을 행함으로 큰 죄를 범하였나이다 여호와여 이제 간구하옵나니 종의 죄를 사하여 주옵소서 내가 심히 미련하게 행하였나이다 하니라. 사무엘하 24:10

선택

결과에 대한 예측을 잘하기에 앞서
근거에 대한 성찰을 잘할 수 있기를.

보이지 않는 미래에 맞설 용기에 앞서
보고 싶지 않은 내면과 마주할 용기를 갖길.

그렇게 내딛은 한 걸음만이
삶을 전진시켜 간다.

선택의 모양

인생을 좌우하는 것은
선택, 그 자체가 아니라
습관화되어 있는 선택의 동기이다.

같은 성실을 선택해도
꿈꾸며 성실한 이가 있고, 낙오되지 않기 위해 성실한 이가 있다.
같은 친절을 선택해도
타인을 존중해서 친절한 이가 있고, 타인을 의식해서 친절한 이가 있다.

어떤 이는 반복적으로 사랑에 기인하여 선택하고
어떤 이는 반복적으로 두려움에 기인하여 선택한다.

한 번의 선택이 아니라
반복적으로 새겨지는 선택의 모양이 결국 인생의 모양으로 굳어진다.

동행

한 순간의 선택이 나를 푸른 초장으로 이끌어 줄지 장담할 수 없으나
매 순간의 동행은 그 자체가 푸른 초장이다.

이 사실은
내 삶에 언제나 두려움으로 남아 있던 선택이라는 문제에 대하여
자유로울 충분한 이유가 되어 준다.

친구에게

네 선택이 잘못되어 고통스러운 것이 아니다.

최선의 선택에도 고통이 따르고
최악의 선택에도 선함이 흐른다.

지금 이 순간이 슬픔이면 그 슬픔을 통로로 하여
지금 이 순간이 기쁨이면 그 기쁨을 통로로 하여
하나님께 닿으면 된다.

그러니 선택이 어떠하든
지금 이 순간 하늘로 이어진 길,
최고로 좋은 그 길은 모든 상황 모든 이에게 동일하다.

네 선택이 잘못되어 고통스러운 것이 아니다.
자책과 후회를 그만 접고
기쁜 자나 슬픈 자나 모두에게 주어진 한 가지 길,
그저 그 길을 걷자.

선택의 기회

상황을 선택할 수 없을 때도
마음과 생각을, 말과 행동을 선택할 수는 있다.

내 밖보다 내 안에
더 중요하고 많은 선택의 기회들이 있다.

어떤 상황에서도 나는 내 안의 '선한 것'들을 선택하여 취할 수 있다.

최고의 기회

기회는 한 번 가면 다시 잡기 어렵다지만
끊임없이 새롭게 다가오는 기회가 있다.
기회는 준비된 사람이 가진다지만
오히려 나를 위해 언제나 준비된 기회가 있다.

삶의 모든 순간마다 주어지지만
일생에 한 번 오는 행운보다 더 귀한 기회.
내가 아는 인생 최고의 기회는 '십자가를 선택할 기회'이다.

이 최고의 기회를
보지 못하며 기다리는 기회, 잡지 않으며 준비하는 기회는
실은 기회가 아닌지도 모른다.

십자가를 선택한다는 것은
십자가가 말하는 자신을, 타인을, 세상을 믿고 바라보고 움직이는 것이다.
지금 이 순간, 십자가의 사랑은 무엇을 말하고 있는지.
나는 그것을 선택하였는지.

피난처

나의 피난처, 하나님의 품

도망하는 듯 보이나 맞서는 곳.
멈춘 듯 보이나 나아가는 곳.

그러니
삶과 직면하여 맞서지 않고
삶이 성장하며 나아가지 않는다면
하나님의 날개 그늘이 아니라, 내가 만든 동굴일지 모른다.

도피

직면해야 할 순간에 하나님의 품을 찾는다.
직면하여 마주할 고통이 두려워, 그가 주는 용기라는 선물을 놓친다.

선택해야 할 순간에 하나님의 뜻을 묻는다.
잘못된 선택으로 손해 보기 싫어서, 그가 주는 자유라는 선물을 놓친다.

해결해야 할 순간에 하나님의 기적을 구한다.
스스로 해결하기 싫은 게으름 때문에, 그가 주는 책임이라는 선물을 놓친다.

내가 자주하는 도피.
하나님이 주신 것을 사용해야 할 때에, 하나님을 사용하려 한다.

하나님의 뜻 1

막힌 길에서,
돌파해야 할 때인데 하나님이 막으시는 뜻이라며 멈춘다.
지름 길에서,
돌아가야 할 때인데 하나님이 인도하시는 뜻이라며 내딛는다.

상황이 말하는 것은
하나님이 말하는 것이 아니다.

하나님은 상황을 통해서 말씀하기도 하신다.
하지만 주어진 상황 그 자체를 하나님의 뜻으로 해석하는 것은
상황에 주도권을 내어준 것이지
하나님께 주도권을 드린 것이 아니다.

하나님의 뜻 2

길을 찾을 때 주로 하나님의 뜻을 구하지만
하나님의 분명한 뜻은 '나의 길'보다는 '그의 마음'에 있다.

요나를 향한 하나님의 뜻은
니느웨에 가는 것 자체보다 이방인을 향한 하나님의 마음이었다.
호세아를 향한 하나님의 뜻은
고멜을 품는 것 자체보다 이스라엘을 향한 하나님의 마음이었다.

하나님의 뜻을
'나의 길'에서 찾으면 잘 보이지 않지만, '그의 마음'에서 찾으면 선명해진다.
'그의 마음'이 선명해지면, '나의 길'도 선명해진다.

두려움 너머

사랑을 선택하는 것은
언제나 두려움 너머에 있다.

두려움 너머의 십자가, 그와 동일한 선택의 기회가
내 작은 일상에도 늘 주어진다.

상처의 두려움을 너머 마음을 열고
비판의 두려움을 너머 소리를 내고
실패의 두려움을 너머 걸음을 옮긴다.

Between the Lights

그의 눈물 His Pain

목적과 수단

하나님이 고통을 해결하는 도구가 아니라
고통이 하나님을 알아가는 도구이다.

하나님이 소원을 성취하는 도구가 아니라
소원이 하나님을 경험하는 도구이다.

목적과 수단의 인식에 따라 천국의 마음과 지옥의 마음이 오간다.

마음의 고통

걱정, 불안함, 두려움, 미움, 분노, 우울…
각종 불필요한 마음의 고통들은

나를 보여 주는 '거울'이다.
그 근원을 찾다 보면 숨어 있던 나를 발견하게 된다.
나를 깨워 주는 '소리'이다.
그 영역이 주님이 아닌 다른 것의 지배를 받고 있다고 말해 준다.

그러니 어찌할 바를 몰라 당황할 필요도 없고
속수무책으로 사로잡힐 필요도 없다.
담담하게 '거울'을 마주하고 '소리'에 반응하면 된다.

시점을 옮기면

어찌할 바를 모를 때

상황 안에서 주님을 보려고 하기보다
주님 안에서 상황을 보려고 한다.

상황 안에 함몰되어 주님이 잘 보이지 않다가도
주님 안으로 내 시점을 옮기면
그의 마음으로 상황을 바라보고 대처할 수 있게 된다.

고통

고통은
시간을 단축시키는 힘이 있다.

아주 오랜 시간을 통과해야 겨우 볼 수 있는 것들에 눈뜨게 한다.
아주 오랜 시간을 견뎌내야 자라날 크기만큼 성큼 자라게 한다.

해석

과정이 결과에 미치는 영향만큼이나, 어쩌면 훨씬 더
결과가 과정에 미치는 영향은 크다.

고통을 극복한 사람에게 그 시간은 의미 있는 경험으로 여겨지지만
고통으로 일어설 수 없이 망가져 버린 사람에게 그 시간은 악하다.
동일한 과정도 결과에 따라 다르게 해석되는 것이다.

내 삶의 모든 과정이 선함은
'확정된 아름다운 결말'이 내 모든 시간을 아름답게 정의할 것이기 때문이다.

끝

감당할 수 없는 것은
가득한 슬픔의 무게도 누르는 고통의 무게도 아닌
하나님의 사랑이라 하였다.

감당할 수 없는 이 한 가지가
모든 것을 감당케 한다 하였다.

그렇다면
내가 주저앉은 이 지점은 끝이 아니다.
충분히 쉬고 회복하고, 천천히 조금씩 다시 걸으면 된다.

그리하여 나는
나의 끝이 아닌 하나님의 끝,
절망의 끝이 아닌 사랑의 끝을 반드시 볼 것이다.

파편

극복하기 어려운 고통이 있었다.
시간이 흐르며 그 고통이 단지 내 개인의 이슈만이 아니라는 것을 알았다.

개인의 상처는 시대의 상처의 파편인 경우가 많다.

상처받은 삶들이 개인의 고통에 함몰되지 않고
그 상처를 계기로 시대의 소명을 발견하기를 기도한다.
그 소명을 실현해 갈 수 있는 힘이 주어지기를 기도한다.

마음을 닫는 것

실수하지 않는 유일한 방법이 아무것도 하지 않는 것처럼
상처받지 않는 유일한 방법은 누구와도 관계하지 않는 것이다.

생명은 흐르는 것인데, 상처받지 않기 위해 나를 닫는 것은
상처가 두려워 생명을 누르는 것이다.

그러니 스스로를 보호하느라 마음을 닫는 것은
마음을 열어 받는 상처보다 더 파괴적이다.

삶 안에서 저절로 생기기 마련인
생활 스크래치 같은 상처에는 몹시 예민하면서
정작 죽어가는 생명에 대해서는 무디다.

마음

타인의 마음 때문에 고통스러울 때
타인의 마음에 얽매이기보다
나의 마음을 돌아본다.

나의 마음 때문에 고통스러울 때
나의 마음에 얽매이기보다
하나님의 마음을 바라본다.

성숙은 끊임없이 나의 마음을 돌아보는 과정이고
성화는 끊임없이 하나님의 마음을 바라보는 과정이다.

흔적

벗어날 수 없을 듯한 깊은 상처.

영혼 깊숙이 긁힌 자국에
예수를 채움으로 아물게 한다면

남은 흉터는
더 이상 상처의 흔적이 아니라
예수의 흔적이 된다.

때로 상처는

때로
상처는 치유가 아닌 죽음이 필요하다.

분노하고
억울하고
이해할 수 없는

그 모든 내가 죽어야만
더 이상 아프지 않다.

용서 ₁

용서는 '결박의 문제'라고 했다.
아, '관계의 문제'가 아니었구나.

상대의 마음과 태도에
상관없이
용서는 오롯이 자신의 몫이다.

제 삶을 묶고 있는 원망과 분노의 사슬을 끊고 앞으로 나아가느냐
여전히 묶여서 제자리걸음을 하느냐의 문제이다.

용서 2

작은 상처도
씻어내기가 이토록 어려워서 용서하지 못하는 마음을 껴안고 살 때면
깊은 상처를 향한 용서의 메시지는
얼마나 모질게 들릴 수 있는가를 생각한다.

하지만 한편으로는 작은 원망의 마음도
내 걸음을 방해하고 내 시선을 왜곡시키는 것을 경험하며
깊은 분노의 에너지는 얼마나 삶을 파괴하겠는가 싶어서

결국은
우리 용서하자라고 말하게 된다.

불가능한 용서

용서는
자신을 위한 것일까? 타인을 위한 것일까?
자신을 위해 용서해야 한다는 메시지가
위선적으로 느껴지지 않고 듣기도 말하기도 덜 불편하다.

타인을 위한 용서가 너무도 어려우니, 불가능에 가까우니
자신을 위해서라도 용서를 선택하는 것이 유익이라는 관점으로 방향을 돌린다.
인간이 할 수 있는 가장 이타적인 일을 인간의 자기중심성에 기대어 설득한다.
하지만 자신의 유익은 용서의 선물이지 용서의 목적은 아니다.

십자가의 예수는
용서는 자신을 위한 것이라고 말하지 않는다.
자신을 조롱하고 할퀴고 찌른 사람들을 위한 것임을 분명히 보여 준다.

저 불가능한 용서를 하기 위하여
용서의 본질을 바꾸기보다
용서 못하는 나를 십자가에서 바꾸어야 하겠다.

용서하지 못함

용서하지 못함은
내가 죽지 않았다는 증거이다.

내가 죽지 않은 영역에서
그리스도가 일할 수 없다.

마음의 근원

누군가가 나를 미워하는 것이
내가 그를 미워할 정당한 이유는 아니다.

내 마음의 근원은
사람이 아니라 주님께 있기 때문이다.

마음의 주도권

사랑할 만한 사람을 사랑하고 미워할 만한 사람을 미워하는 것이
얼핏 타당한 듯 보인다.
그러나 상대의 모습을 근거로 내 마음이 결정되는 것은
내 마음의 주도권을 잃었다는 의미이기도 하다.

나 또한

내가 누군가를

참아내기 위해
이해하기 위해
용서하기 위해
힘겨운 전쟁을 치를 때

나 또한
누군가에게 그러한 존재임을 기억한다.

보이지 않는

믿음의 세계,
보이지 않는 그 세계를 살고 있다는 사실을 나는 자주 잊어버리고
보이는 세계에 쉽게 함몰된다.

보이는 것들이 내 삶을 그럭저럭 지탱하고 있을 때
굳이 보이지 않는 세계로 눈을 돌리려 하지 않는다.

내 삶에 보이는 것들이 사라지는 때,
보이지 않는 세계를 찾지 않고는 견딜 수 없는 때,
그 막막한 시간이
내게 '보이지 않는 것을 보는 힘'을 키워 준다.

믿음으로 모든 세계가 하나님의 말씀으로 지어진 줄을 우리가 아나니 보이는 것은 나타난 것으로 말미암아 된 것이 아니니라. 히브리서 11:3

인내

나를 포기하지 않는 것이 아니라
하나님을 포기하지 않는 것.

수고를 놓지 않는 것이 아니라
진리를 놓지 않는 것.

걸음을 멈추지 않는 것이 아니라
기도를 멈추지 않는 것.

이 인내 가운데, 두 주먹 굳게 쥐어 잡은 것이
선한 것 없는 나의 무엇이라면 쓰고 아픈 것들이 짜내어질 수밖에 없으나
선하신 하나님의 무엇이라면 달고 아름다운 것들이 흘러 넘치리라.

환난에 둘러싸여 있다 할지라도, 그것은 내 밖에 있는 것일 뿐
내가 잡은 것은 내 안에 계신 하나님이니.

연단

거친 땅과 광물을 통과하며 깊은 곳까지 거르고 걸러진 물이
생수로 흐르듯

환난을 통과하며 깊은 곳까지 연단되고 연단된 영혼이
생명으로 흐른다.

고여만 있던 삶이
맑고 시원한 생명을 흘려보내는 삶이 되는 시간.
환난이 인내를
인내가 연단을
연단이 생명의 소망을 이루는
축복의 시간.

다만 이뿐 아니라 우리가 환난 중에도 즐거워하나니 이는 환난은 인내를, 인내는 연단을, 연단은 소망을 이루는 줄 앎이로다. 로마서 5:3-4

절망

절망 絶望 :
바라볼 것이 없게 되어 모든 희망을 끊어 버림. 또는 그런 상태.

나의 바라볼 대상, 하나님이 없게 되는 일은 존재하지 않는다.
그러니 내게 절망은 존재할 수 없는 말이다.

갈망

희망할 수 없을 때 갈망하자.
도저히 희망할 수 없을 때 절망 대신 그를 갈망하자.

그는
희망으로 기다려야 하는 분이 아니라
갈망하는 그곳에 계신 분이니.

희망할 수 없을 때, 희망보다 더 찬란한 곳으로 이끄는 갈망이 있다.
희망은 미래로 연결되지만 갈망은 하늘로 연결된다.

기적

내게 기적의 대상은
이미 내 곁에 계신 '그'가 아니라
내 곁에 다가올 가능성이 없는 '소원'들이었다.

그러나 기적은 가능성으로 정의되는 것이 아니다.
가장 놀라운 기적은
확률 0%의 불가능한 일이 아닌
확률 100%인 그와의 만남 안에 있기 때문이다.

바라기만 하면 100% 닿을 수 있는 그의 얼굴,
그 경이로움이 기적이다.

간극

믿음과 현실 사이의 간극,

그와 단절된 공간인 줄 알았는데
그와 만나는 공간이었다.

그곳에서
나는 그에게 가장 간절했고 그를 찾았고 그와 닿았다.

기다림 1

이미 가진 것에는
기다림이란 말을 쓰지 않는다.

그러고 보니
내가 기다림이란 말을 쓰는 것은
나의 방향이 그가 아니라는 뜻이었다.
기다릴 필요가 없는 분, 변함없이 내 옆에 계신 분을 두고
난 항상 무엇을 기다린다고 했을까.

나의 기다림은 그를 기다리게 하는 것.
나의 눈을 마주하기 원하시는 그를 기다리게 하는 것.

그래서 나는 이제 기다림을 그만하려 한다.
그때 그도
더 이상 나를 기다리지 않을 것이다.
나를 두고 나를 기다려야 했던 그도 말이다.

기다림 2

눈 떠야 하는 것을
기다려야 하는 것으로 잘못 알았던 적도 많았다.

그럼에도 인생에 기다림의 때는 누구에게나 있다.

그 시간은
주님 대신 다른 곳을 바라보며 기다리는 것이 아니다.
주님이 보는 것을 함께 보고
주님이 기다리는 것을 함께 기다리는 것이다.

닿지 못한

바라는 것에 오래도록 닿지 못한 시간에는

나의 더 깊은 근원을 점검하고
삶의 더 깊은 본질을 탐구하고
하나님의 더 깊은 마음을 찾게 된다.

닿지 못한 것들은
나를 더 깊은 곳까지 닿도록 만든다.

창조자 1

내 삶에
어떤 황폐한 시간, 어떤 괴로운 사건도
하나님의 손안에서는 아름다운 것들을 창조해내는 재료가 된다.

태초의 창조자는
지금도 변함없이 내 삶에 창조자로 존재한다.

창조자 2

말 안 통하는 클라이언트가 괴롭힐 때부터,
지우고 싶은 비참한 순간이 괴롭힐 때,
사소하게는 긴 출퇴근 거리나 늘어나는 주름이 괴롭힐 때도

별의별 괴로운 일을 만날 때마다
나는

삶의 모든 것,
심지어 악하고 악한 것에서조차
그것을 재료로 선한 것을 만들어 낼 수 있다는 진리를 기억하려고 애쓴다.

사랑과 상처, 충만과 결핍, 보이는 것과 보이지 않는 것…
내 삶에 주어진 모든 것들을 재료로 인식하고
나는 창조자가 되는 것이다.

창조력은 예술과 비즈니스만의 언어가 아니다.
내 하루의 언어이기도 하다.
삶의 매순간이 재료이다.
삶의 매순간을 창조자로 살아갈 기회가 주어진다.

괜찮다

네 실수가 네 삶에 미치는 영향보다
하나님의 사랑이 네 삶에 미치는 영향이 더 크다.

그러니 괜찮다.

실수도 '하나님의 사랑 안'에 있음을 믿는다면
후회나 자책으로 삶을 허비하지 않는다.
그렇다고 하나님께 떠넘기지도 않는다.
'하나님의 사랑 안'에서 스스로 책임지는 법을 배우며 성숙해 간다.

새 힘

내 자신이 너무 크게 느껴져서 힘을 내기 어려울 때
그것과 비교할 수 없는 하나님의 크심을 바라본다.

내 약함보다 그의 강함이 크며
내 악함보다 그의 선함이 크며
내 실수보다 그의 경륜이 크며
내 잘못보다 그의 자비가 크며
생각하고 또 생각한다. 말하고 또 말한다.

그러면 어느 순간, 그의 크심 앞에 나는 작아져 보이지 않게 되고
독수리의 날개 치며 올라감 같은 새 힘을 얻는다.

오직 여호와를 앙망하는 자는 새 힘을 얻으리니 독수리가 날개 치며 올라감 같을 것이요
달음박질하여도 곤비하지 아니하겠고 걸어가도 피곤하지 아니하리로다. 이사야 40:31

구원자

이렇게
실패해 보지 않았다면
절망해 보지 않았다면
막막해 보지 않았다면
정말이지 대책 없는 나의 실체가
이렇게도 적나라하게 드러나지 않았다면

이처럼 가망 없는 나를 건져내어 살린 그를
오늘, 경험해 보지 못하였다면

그가 참으로 나의 구원자라는
예수, 그 이름의 의미를
이 땅의 삶을 다하고 나서야 비로소 알았을 것이다.

아들을 낳으리니 이름을 예수라 하라 이는 그가 자기 백성을 그들의 죄에서 구원할 자
이심이라 하니라. 마태복음 1:21

하나님의 이름 1

길 잃어 헤매었던 사람의
'하나님은 나의 목자'라는 고백
깜깜한 어둠 속에서 막막했던 사람의
'하나님은 나의 빛'이라는 고백
누구도 의지할 수 없는 고아와 같았던 사람의
'하나님은 나의 아버지'라는 고백

고통 속에서 하나님을 만난 사람의 고백은 그 깊이가 다르다.
고통은 피상적이었던 하나님의 이름이 진정한 내 것이 되는 시간이다.

하나님의 이름 2

여호와 삼마
여호와 닛시
여호와 이레
여호와 샬롬
여호와 로이
여호와 라파
……
하나님이 내게 주신 아름다운 이름들,
관계의 이름이 기능의 이름이 되지는 않았는지
하나님과의 사귐은 없고 나의 필요만 있지는 않은지

그 이름을 부를 때
그 이름을 주신 이의 마음을 생각한다.

아니었다면 ₁

그 비참한 일이 아니었다면
고상한 척하며 살았을 나.

그 잘못한 일이 아니었다면
의로운 척하며 살았을 나.

그 실패한 일이 아니었다면
잘난 척하며 살았을 나.

......

없었으면 하는 그 일이 아니었다면
자신을 엄청나게 착각하며, 타인을 끊임없이 판단하며
살고 있었을 것이다.

아니었다면 2

그의 사랑이 아니었다면
여전히 비참한 줄 알았을 나.

그의 용서가 아니었다면
여전히 죄인인 줄 알았을 나.

그의 섭리가 아니었다면
여전히 실패한 줄 알았을 나.

......

그가 아니었다면 여전히
자신에 대한 소망 없이, 타인에 대한 기대 없이
살고 있었을 것이다.

아버지의 품

아버지의 품에서

잊고 싶은 과거의 고통, 오히려 기억하게 되며
벗어나고 싶은 현재의 고통, 오히려 마주하게 되며
피하고 싶은 미래의 고통, 오히려 선택하게 된다.

그러나 아버지의 품에서, 모든 고통이 변하여 찬양이 되는 것은
이러한 고통
기억하게 하여 당신의 경륜 깨닫게 하시고
마주하게 하여 당신이 능력 보여 주시며
스스로 선택하게 하여 당신의 십자가 나도 경험케 하기 때문이다.

하늘의 생명

밝아야 볼 수 있던 눈이
어둠 속에서도 빛을 본다.

소리 나야 들을 수 있던 귀가
적막 속에서도 복음을 듣는다.

기뻐야 노래할 수 있었던 입이
슬픔 속에서도 찬양을 한다.

하늘의 생명을 얻은 이의 모습.
땅의 생명이 살아 있는 힘이라면 하늘의 생명은 살리는 힘이다.

때를 따라

하나님은 모든 것을 지으시되 때를 따라 아름답게 하셨다.
인생의 웃는 때의 아름다움뿐만 아니라 우는 때의 아름다움도 주셨다.

삶의 어두운 날이
흑암 속에서 반짝이는 별빛을 만나는 아름다운 때인지 모르고
삶의 상실의 시간이
낙엽이 다 사라지고 가지의 섬세한 결이 드러나는 아름다운 때인지도 모른다.

인생은 아름답다.
하나님이 그렇게 만드셨다.

범사에 기한이 있고 천하 만사가 다 때가 있나니… 울 때가 있고 웃을 때가 있으며 슬퍼할 때가 있고 춤출 때가 있으며… 하나님이 모든 것을 지으시되 때를 따라 아름답게 하셨고. 전도서 3:1,4,11

하나님도

하나님도 소원이 있다.
하나님도 고통이 있다.

하나님도 자신의 마음을 누군가 알아주기 원한다.

"하나님 말씀해 주세요"라는 기도조차
'말씀하고 싶으신 그'가 아니라 '말씀이 필요한 나'가 중심인 것을 알고서,
하나님은 기도 중에도 외로우셨을 것 같다는 생각이 들었다.
이제 그의 마음을 묻는 기도를 하게 된다.

대가

고통을 통과한 자리에
정금과 같이 정련된 아름다운 것들이 주어질 때가 있다.
그 귀한 선물을 보며 아버지가 치른 대가를 생각한다.

아들의 고통을 지켜보아야 했던 아버지의 아픔으로
예수의 십자가가 있었듯
한 영혼의 모든 고통을 단숨에 걷어 낼 수 있음에도 지켜보아야 하는
아버지의 아픔, 그 눈물의 대가를 생각한다.

본심

본심, 이 말이 나는 슬프다.

본심이란 말은
드러난 마음이 아닌 숨겨진 마음이다.

숨겨진 사랑.

사랑이신 분에게 그 사랑이 드러나고 흘러가는 것이 당연할 텐데
상황에 의해 또는 그 무엇에 의해 숨겨지고,
"그것은 내가 아니다. 내 본심이 아니다"라고 말해야 하는 아픔.

세상의 많은 아픔을 볼 때,
나는 '본심'이라는 말이 생각나고 하나님의 눈물이 보인다.
하나님의 본심, 그 아들 예수.

주께서 인생으로 고생하게 하시며 근심하게 하심은 본심이 아니시로다.
예레미야애가 3:33

Destiny

사망이나
생명이나
천사들이나
권세자들이나
현재 일이나
장래 일이나
능력이나
높음이나
깊음이나
다른 어떤 피조물이라도

끊을 수 없는
사랑.

Between the Lights

그의 나라 His Kingdom

그럼에도 사랑을

슬픔을 품으면 무거워진다.
검댕을 품으면 더러워진다.
상처를 품으면 베인다.

그럼에도 사랑을 선택하겠는가?

허비 1

사랑 없이 보낸 시간이 삶의 가장 큰 허비이다.
사랑이 없이는 아무것도 아니라고 했으니.

내가 예언하는 능력이 있어 모든 비밀과 모든 지식을 알고 또 산을 옮길 만한 모든 믿음이 있을지라도 사랑이 없으면 내가 아무것도 아니요. 고린도전서 13:2

허비 2

게으름이 허비인 이유는
무엇도 생산하지 않았기 때문이 아니라
무엇도 사랑하지 않았기 때문이다.

온전한 사랑

온전한 사랑은 하나, 내 안의 하나님.

내 안에 거하나 내가 소유한 것이 아니며
오히려 그 사랑이 나의 주인이다.

그러니
내가 사랑을 움직이게 할 수 없다.
사랑이 나를 움직이게 할 뿐이다.

나눔 1

신의 사랑이 없다면
세상이라는 배경이 없다면
타인과의 연결이 없다면
나도 내가 가진 모든 것도 존재할 수 없다.
우리 모두는 어쩔 수 없는 '빚진 자'들이다.

그래서 나눔은
베푸는 것이 아니라 갚는 것이다.

가진 자의 높은 마음에서 나온 베풂이 아니라
빚진 자의 낮은 마음에서 나온 갚음이 되어야 한다.

나눔 2

가진 자의 베풂은 자유지만 빚진 자의 갚음은 책임이다.
모두가 빚진 자이다.
모두가 책임이 있다.

Flow

그리스도인의 나눔은
'내'가 주는 것이 아니라
'그'가 준 것을 흐르게 하는 것이다.

give and take의 삶도 아니지만 give의 삶도 아니다.
flow의 삶이다.

가진 자

교회를 떠나는 이유
직장을 떠나는 이유
나라를 떠나는 이유
그리고 심지어 연인을 떠나는 이유까지
모두가 동일하다.
그것으로부터 내가 원하는 것을 얻지 못해서이다.

모두가 받을 것을 생각하고 움직인다.
그러나 줄 것을 생각하고 움직이는 특별한 사람들이 있다.
그들은 이미 '가진 자'이다.
'가지려고 하는 자'보다 더 풍요로울 수밖에 없다.

받는 것

또한 잘 받을 줄 알아야 한다.
'주는 것이 받는 것보다 복되다'고 하였는데
그 복을 나만 누려서는 안되기 때문이다.

누군가 걸어 들어올 때

가난하고 아픈 이를 환대하는지?
부하고 건강한 이를 환대하는지?

서툴고 뒤틀어진 이를 환대하는지?
성숙하고 매력적인 이를 환대하는지?
......

내 삶 안으로
내 교회 안으로
내 공동체 안으로

누군가 걸어 들어올 때, 내 마음을 들여다 본다.
주님의 마음도 헤아려 본다.

친절

가난하고 남루해 보이는 사람,
사람들이 기피하는 일을 업으로 삼는 사람…
이들을 대할 때 내 마음을 경계한다.
'더' 친절하려고 애쓰지는 않는지.

미덕으로 보이는 친절 안에
그보다는 내 처지가 더 낫다는 우월감이 있는지도
충분히 아름다운 누군가의 삶에 대한 어줍잖은 동정이 있는지도
모르기 때문이다.

사랑의 대상

하나님의 마음으로 보면
부족한 사람도 변화의 대상이 아니고
믿지 않는 사람도 전도의 대상이 아니다.

하나님께는 그 모든 사람이 사랑의 대상이다.
하나님의 마음은 그들을 향한 어떤 바람 이전에
그들을 향한 사랑으로 가득 차 있다.

상대의 변화를 위해 드리는 기도는 때로 사랑이 아닌 폭력일 수 있다.
있는 그대로를 받아들일 수 없다는 메시지니까.
상대의 변화보다 자신의 변화를 위한 기도로 방향이 바뀌어야 할 때가 많다.

거룩

거룩의 뜻은 '구별'이라는데

진창 같은 세상에서
더러움을 묻힌 사람과 더러움을 멀리한 사람의 구분은 아닌 것 같다.

거룩한 예수의 삶이 그렇게 말한다.
진창에 사는 이들과 함께 어울리며 예수의 옷은 더러워졌다.
십자가를 지고 골고다로 오르며 예수의 옷은 피로 물들었다.

이제 거룩은
더러운 옷 대신 깨끗한 옷을 입은 사람이 아니라
깨끗한 옷 대신 피 묻은 옷을 입은 사람의 것이 되었다.

더러움을 묻히지 않고 살 수 없는 인생에서
깨끗한 옷이 구분의 기준이라면 누구도 거룩한 자가 될 수 없다.
주님은 내게 불가능한 거룩함을 요구하는 대신
자신의 피로 거룩함을 주겠다 말씀하신다.

삶

높은 곳으로 오르며 부러움을 주는 삶이 있고
낮은 곳으로 흐르며 생명을 주는 삶이 있다.

나를 쌓음으로 부러움을 주는 삶이 있고
내가 깨짐으로 생명을 주는 삶이 있다.

세상을 소유함으로 부러움을 주는 삶이 있고
예수를 소유함으로 생명을 주는 삶이 있다.

추구하는 것

하나님이 높여 줄 것이기 때문에
낮아진다면
낮음이 아니라 높음을 추구하는 것이다.

하나님이 몇 배로 갚아 줄 것이기 때문에
나눈다면
나눔이 아니라 쌓음을 추구하는 것이다.

세상의 복을 더해 줄 것이기 때문에
그의 나라와 의를 구한다면
그의 나라가 아니라 세상을 추구하는 것이다.

배우지 못하는

나와 다른 것들에 진심으로 마음을 열고 배우는 것은 누구에게나 어렵지만
기독교인들은 특히 더 취약하다.
우리의 관점은 완전하신 하나님으로부터 비롯되었다 여기기 때문이다.

타인의 소리에 마음을 활짝 열기보다
내 믿음체계에 부합하는가의 잣대를 먼저 들이댄다.
내가 생각하는 옳음으로 세상을 판단하고 가르치기 바쁘다.

상대를 사랑할지언정 배우지는 못한다.
상대를 용서할지언정 배우지는 못한다.
하나님의 은총을 입은 내가 사랑과 용서를 베풀 수는 있으나
하나님도 모르는 너에게 배우는 것은 용납하기 어렵다.

배우지 못하는 사랑과 용서는 우월감이다.
겸손의 주님으로부터 온 것이 아니다.

폐쇄성

많은 기독교인들의 폐쇄성은
견고한 믿음 때문이 아니다.
오히려 믿음체계가 깨질 것에 대한 두려움, 즉 불안한 믿음 때문이다.

그래서인지 본인이 믿는 바에 한치의 의심을 하지 않는 사람,
다른 관점을 죄악시하는 사람들을 만나면
단단해 보이기보다 오히려 위태로워 보인다.

하나님에 대해 자신감 있는 사람들은
의심을 두려워하지 않는다.
의심은 믿음을 무너뜨리기보다 견고하게 만들기 때문이다.

내가 믿는 바가 잘못되었을 수도 있다는 겸손이
진리에 조금씩 더 다가가게 만든다.

게으른 생각

너무 많은 생각은
분주한 생각을 부지런히 정리하지 못하는 게으름.

게으름은
마땅히 품어야 할 그 이상의 '생각'을 품게 하고
그 이상의 생각은 '마음'을 지키지 못하게 하고
마음을 지키지 못함은 '생명'을 잃게 한다.

게으름이 악함은
삶의 성취를 방해하기 때문이 아니라
생명을 시들게 하기 때문이다.

마땅히 생각할 그 이상의 생각을 품지 말고 오직 하나님께서 각 사람에게 나누어 주신
믿음의 분량대로 지혜롭게 생각하라. 로마서 12:3
모든 지킬 만한 것 중에 더욱 네 마음을 지키라 생명의 근원이 이에서 남이니라. 잠언 4:23

게으름

선하게 살기 위해 애쓸수록 선하지 못한 자신의 모습을
사랑하며 살기 위해 애쓸수록 사랑 없는 자신의 모습을
직면하게 된다.
애쓸수록 어쩔 수 없는 자신의 한계를 발견하며
하나님 앞에 겸손해진다.

게으름이 교만과 닿아 있음은
한계에 부딪쳐 낮아질 기회가 없기 때문이다.

지혜, 용기 ₁

하나님을 경외함이 지혜이다.
세상을 향한 현명한 말은 지혜의 부산물이다.

하나님을 마주함이 용기이다.
세상을 향한 담대한 행동은 용기의 부산물이다.

또 사람에게 말씀하셨도다 보라 주를 경외함이 지혜요. 욥기 28:28
그러므로 형제들아 우리가 예수의 피를 힘입어 성소에 들어갈 담력을 얻었나니. 히브리서
10:19

지혜로운 사람은
늘 옳은 생각을 하는 사람이 아니라
내가 틀릴 수도 있다고 생각하는 사람이다.
그래서 자신의 생각에 겸손하다.

용기 있는 사람은
늘 옳은 행동을 하는 사람이 아니라
내가 틀릴 수도 있지만 행동하는 사람이다.
그래서 자신의 행동에 책임진다.

감사

주어진 것에 감사할 때
그것을 주신 이의 마음에 더 감사한다.

주어져서 감사하면
사라지면 감사하기 어렵지만

주신 이의 마음까지 감사하면
주어진 것이 사라지고도 변함없이 감사할 수 있다.

내게 무언가가 주어지든 사라지든 변함없이 그의 마음은 사랑이라서.

3인칭 시점

성숙한 사람은 3인칭 시점의 눈을 가진 듯하다.

자신의 밖에서 관찰할 줄 아니
자신을 객관적으로 보고 성찰하게 된다.

일상의 밖에서 관찰할 줄 아니
일상을 특별하게 보고 감사하게 된다.

나를 건지는 깨달음

치밀한 해석과 논리로 도달할 수 없는, 빛 비춰어 보여지는 것.
생각을 얻는 것이 아닌, 눈을 뜨는 것.

그러니
치열한 머리보다
맑고 깨끗한 눈을 가져야 하겠다.

빛은 어디에나 있으니
여기 산책길, 여린 잎사귀 위에도.

더 깊은 인식

'글을 쓴다는 것은
하고 싶은 말들을 더 이상 참지 못할 때까지 기다려야 한다'는
어느 인터뷰의 내용에 공감한다.

더 이상 혼자만 담아둘 수 없는 감동과 가치들로 내 삶이 채워지길 바란다.
아니, 천하보다 큰 한 생명의 모든 순간은 그럴 수밖에 없다.
나는 더 많은 채워짐보다 더 깊은 인식이 필요하다.
이미 채워진 것들에 대한.

지경地境

지경은 세상을, 타인을, 나 외에 그 모든 것을
포용하는 품의 크기다.
지경이 넓어지는 것은 기존의 경계가 무너지는 것이다.

평생을 쌓은, 치열한 삶일수록 더 견고한, 자신의 성벽을 깨는 일은
수준 높은 책을 읽고 훌륭한 사람을 만나고 공감되는 이야기를 나누는
우아한 모양으로 가능하지 않다.

내 상식으로 이해할 수 없는 논리, 내 인격으로 용납할 수 없는 사람,
내 힘으로 감당할 수 없는 일 같은, 내 크기의 한계점에서 주어지는 기회이다.

이때 어떤 사람은 더 높은 벽을 쌓아 자신만의 세계에 고립되지만
용감한 사람은 스스로를 부수어 품을 넓히는 선택을 한다.
고통스럽고 지난하고 때로는 비참하다.

이 잔인한 것을 통해 겨우 한 뼘 지경이 확장된다.
그래서 드물다. 귀하다.

균형

대단한 사람일수록 가까이에서 보면 균형감이 부족한 경우가 많다.
어쩜 이렇게 단편적일까, 치우쳐 있을까 싶은 생각이 들기도 한다.

그러나 곧, 그들의 불균형은 자연스러운 것임을 알게 된다.
주어진 것에 전부를 쏟았으니 그렇게 대단할 수밖에 없고,
동시에 그렇게 치우칠 수밖에 없다.
누군가의 삶이 균형 있다면, 그 균형을 유지하느라
삶의 특정한 부분을 끌고 나가는 힘은 상대적으로 약할 것이다.
그는 추진력의 약함이라는 불균형을 가질 수밖에 없다.
결국 한 사람에게 균형이라는 완벽을 요구하는 것은 불가능하다.

균형은 한 개인의 한 시점에서 찾을 수 있는 것이 아니라
공동체라는 넓은 관점, 역사라는 긴 관점에서 보아야 한다.
치우친 개인이 서로를 보완해 주며 건강한 공동체를 만든다.
치우친 시절이 정반합의 흐름으로 진보하는 역사를 만든다.

불완전한 한 사람, 불완전한 한 단면이 통합되어 균형을 이루는 것이다.
그러니 어떤 사람, 어떤 시점이라도
그 부족함조차 소중하고 가치 있게 대하는 것이 맞겠다.

최고의 경지

패션은 패셔너블해 보이지 않기 위한 것이다. 허름한 드레스를 입으면
그 옷을 기억하지만, 멋진 드레스를 입으면 그 여자를 기억한다. | 코코 샤넬
옷 멋지네 하는 순간, 이미 최고의 패션이 아니다.

쓴 것 같으면 다시 써라. | 엘모어 레너드
같은 맥락의 말이다.
글 잘썼네 하는 순간, 이미 최고의 글은 아니다.

옷이 아닌 옷의 목적인 사람이 보여야 한다.
글이 아닌 글의 목적인 의도가 보여야 한다.
모든 최고의 경지는
수단의 탁월함이 목적의 아름다움에 숨어 드러나지 않는다.
수단이 죽고 목적이 산다.

세상의 본질에 투영된 하늘의 진리이다.
내가 죽고 그리스도가 사는 진리.

생장점

설명을 하자니 구차하고
안 하자니 억울하고.
인생에서 굳이 경험하고 싶지 않은 사건과 그로 인한 감정들.

그러나 불쾌한 그 지점이 한 사람의 생장점인 것은 틀림없는 듯하다.
성장은 이 불쾌함을 어떻게 처리하는가에 달렸기 때문이다.

안으로 소화하면서 밖으로 소통하는 사람은 성장하지만
안으로 쌓으면서 밖으로 터트리는 사람은
소화를 통해 안으로 깊어지는 인격의 내공과
소통을 통해 밖으로 깊어지는 관계의 신뢰를
경험할 길이 없다.

타인의 시선

어쩔 수 없이 나는, 우리 모두는
좋은 사람으로 기억되고 싶어 하고 좋은 평가를 받고 싶어 한다.

미움받을 용기를 가지는 것보다
관계 안에서 자유로울 수 없는 나약함을 인정하는 것이 내게는 쉽다.

그럼에도 타인의 시선이
'감정에 영향'을 주는 수준을 넘어
'행동의 동기'가 되는 것만은 허용하지 않으려고 부단히 애쓴다.

칭찬에 웃고 비난에 울 수는 있어도
칭찬에 행동하고 비난에 멈추지는 않으려고 한다.

샬롬

그것을 찾는 길은
양보하는 타협이 아니라 전쟁.
그것을 누리는 길은
사이 좋은 공존이 아니라 정복.

그러니
타협을 그치고 땅의 생각과 싸우며
공존은 깨지고 하늘의 생각으로 압도되어야 한다.

이 치열함 속에
비로소 두 마음이 한마음 되며
내 안의 샬롬은 지켜질 테니.

아침 1

우울감으로 하루의 시작을 몹시 힘겨워하던 나는
행복한 아침을 위해 여러 노력을 했다.

그런데 어느 순간
행복으로 채워진 아침을 바라는 것이 당연하지 않게 느껴졌다.
돈으로 채워진 아침을 바라는 것과 무엇이 다른가 싶었다.
돈을 바라며 눈을 뜬다고 돈이 쌓여 있지 않듯
행복을 바라며 눈을 뜬다고 행복으로 충만해지지 않았다.

내가 아침에 눈을 뜨며 기대해야 할 것은 행복이 아니라 하나님이었다.
행복을 바라며 눈뜰 때 그것이 없을 수도 있으나
하나님을 바라며 눈뜰 때 그가 없을 수는 없다.

게다가 하나님과 함께 하는 아침에 행복은 함께 주어질 때가 많다.
아니, 그 아침에는 하나님을 보느라 행복의 유무는 인식할 틈이 없다.

아침 2

부족한 것에 더함이 필요하나 하나님의 사랑은 충분하고
부재한 곳에 기다림이 필요하나 하나님의 사랑은 충만하지 않은 곳이 없다.

그의 눈을 마주하는 아침,
충분하고 충만한 사랑에 온 존재를 싣는다.

일체의 비결

누군가는 예수 믿으면 이렇게 된단다. 풍요, 번영, 상승…
누군가는 예수 믿으면 저렇게 된단다. 고난, 연단, 희생…

예수를 믿으면
이렇게 되는 것도 아니고 저렇게 되는 것도 아니다.
이렇게 되어도 괜찮고 저렇게 되어도 괜찮은 것이라고
성경은 말한다.

모든 일에 처할 줄 아는 일체의 비결을 얻는 것.

나는 비천에 처할 줄도 알고 풍부에 처할 줄도 알아 모든 일 곧 배부름과 배고픔과 풍부
와 궁핍에도 처할 줄 아는 일체의 비결을 배웠노라. 빌립보서 4:12

지금, 여기

더 거룩한 시간을 찾기보다
지금, 내가 있는 시간을 거룩하게 만들기.

더 선한 곳을 찾기보다
여기, 내가 있는 곳을 선하게 만들기.

그 어디나

땅에 속한 시간에는 소망하는 천국을 말하고
하늘에 속한 시간에는 소유한 천국을 말한다.

"주 예수와 동행하니 그 어디나 하늘나라."

향유 享有

노력하여 가짐, 지불하여 가짐, 기다려 가짐… 이런 것들이 아니라
누리어 가짐.

많은 소유의 방법들 가운데 이처럼 자유롭고 멋진 것이 있었다.

향유는
만물을 창조하신 하나님께서 나에게 주신
그 만물에 대한 특권이다.

향유 享有 : 누리어 가짐.

빛과 그림자

어떤 반짝이는 삶을 보면서도 예전처럼 부러워하지는 않는다.
세상 모든 빛에는 그림자가 함께 있다는 것을 이제는 알기 때문이다.

다만 내가 배우고 싶은 삶은
빛을 자랑하기보다 그 빛으로 누군가를 비추어 주고
그림자를 부끄러워하기보다 그 그림자로 누군가를 쉬게 하는 삶이다.

동시에

선한 자와 악한 자를 나누기보다, 한 사람 안에 선함과 악함을
강자와 약자를 나누기보다, 한 사람 안에 강함과 약함을
동시에 보는 눈.

반짝이는 삶과 남루한 삶을 나누기보다, 한 인생 안에 반짝임과 남루함을
성공한 삶과 실패한 삶을 나누기보다, 한 인생 안에 성공과 실패를
동시에 보는 눈.

삶의 한 시점에 한 단면만을 마주할 때도 그 이면까지 동시에 보는 눈.
인생의 그림에 대한 입체적 관점이
내 삶과 타인의 삶에 대한 시선을 따뜻하고 지혜롭게 만든다.

은총의 그늘

떨어지는 잎이나 앙상하게 남은 가지를 보고
가엾다 동정하지 않으며
바람도 추위도 견디지 못하는 나약함 때문이라 탓하지도 않는다.
당장의 모습이 어떠하든
모든 과정이 하나님의 섭리라는 은총의 그늘 아래 있음을 알기 때문이다.

'지금 어떤 모습인가'가 아닌 '지금 어디에 있는가'에서
모든 일의 의미는 해석된다.
돌이킬 수 없는 실패조차 은총의 그늘 아래서는
'내가 한 일에 대한 결과'로 끝나버리지 않고
'그의 할 일을 위한 섭리'가 된다.

따뜻한 은총의 그늘 아래
인생의 쇠함을 책망하는 소리는 없다.
오히려 그 쇠함을 통해 다시 피어날 생명의 두근거림이 있다.

축복의 때

가진 것 때문에 하나님을 보는 눈이 멀어진다면 축복의 때가 아니고
잃은 것 때문에 하나님을 보는 눈이 깊어진다면 상실의 때가 아니다.

삶에서 축복과 상실은 보이는 것만으로 결정되지 않는다.
보이는 상황이 어떠하든지, 보이지 않는 아름다움을 쌓음으로
삶의 모든 시절을 축복의 때로 만들 수 있다.

선물

삶의 어떤 순간에도 하나님께 드릴 무언가가 내게 있다는 사실은
놀라운 일이다.

아무것도 없는 듯한 시간조차
하나님을 생각하며 아주 작은 마음 한 조각이라도 움직인다면
그 작은 움직임을 하나님은 선물로 받으신다.
그리고 그 선물을 절대 잊지 않으신다.

하나님께는 아무런 유익이 없는 선물,
그럼에도 받기를 기뻐하며 고마워하시는 겸손의 사랑으로 주어진 축복이다.
창조주에게 선물을 받을 수밖에 없는 존재가, 선물을 드릴 수 있는 축복.

총체성

싫은 사건은 해석되어야 하고 의미를 부여해야 한다.
그렇게라도 해야 위로를 받는다.

최근 만난 어려운 상황 앞에서도
이 일의 의미가 무엇이지?
이 일이 일어난 하나님의 뜻은 무엇일까?를 생각하다가

문득 내 모습이
여행 중 만난 궂은 날씨를 가지고 심각하게 의미를 찾는 장면처럼 느껴졌다.

여행이란 선물 속에 맑은 날 흐린 날이 있듯 삶이란 선물도 그럴 뿐인데.
다만 너무나 거대하기에 별의별 모양과 규모의 요소가 있을 뿐인데.

그럼에도
모두에게 적용되는 이 위대한 진리는 흔하디 흔해서 싫고
하나님을 믿는 내 삶의 의미는 좀 더 맞춤형으로 특별해야 직성이 풀린다.
특수성에 몰입되어 일반론을 잃고
하나님의 뜻을 찾느라 문제 해결력을 상실한다.

'삶은 선물'이라는 총체성을 이해하는 사람은
많은 국면에서
일일이 하나님과 씨름하기보다
전체를 하나님께 감사하지 않을까.

굳이 특별한 의미를 부여하지 않아도
'그럼에도 삶은 선물'이라는 진리가 위로이지 않을까.

성전

나를 하나님이 거하시는 성전이라고 했는데
내 안에 떠다니는 마음의 조각들을 보면
하나님의 성전이 아닌 나의 성을 쌓기 위한 것일 때가 많다.

가지고 싶은 삶의 좋은 요건들이
하나님의 성전을 지을 때는 아무 쓸모없는 것이 되기도 하고

사라지기를 바라는 삶의 고민과 무게들이
하나님의 성전을 지을 때는 잘 다듬어 사용할 아름다운 재료가 되기도 한다.

너희는 너희가 하나님의 성전인 것과 하나님의 성령이 너희 안에 계시는 것을 알지 못하느냐. 고린도전서 3:16

인생

손해도 보는 게 인생이다.
실패도 하는 게 인생이다.
나도 안다.
하지만 내 삶에 그런 마이너스는 싫었다.

'합력하여 선을 이룬다'는 말씀을 끌어 와서
어그러짐 없는 인생으로 해석해야 안도했다.
손해도 실패도 연합하여 이루는 선으로,
내 삶의 구멍은 메워지고 그림자는 밝아져야만 했다.

그러나 이제는
구멍으로 좀 추해도 그림자로 좀 어두워도 괜찮다는 것을 안다.
그것이 인생이고 그 온전하지 않은 인생을 하나님이 온전히 사랑하시니까.
그의 눈에는
내 삶의 구멍도 아름다운 무늬이고
내 삶의 그림자도 아름다운 그림이다.

새것

해 아래 새것 없는 세상.

하지만 '만물을 새롭게 하는 이'의 사랑 안에서
모든 것은 끊임없이 새것이다.
그 사랑을 품을 때면
언제나 그 자리에 있던 것들이 새롭게 보이는 이유이다.

사랑이 일시적인 감정인 줄 알았던 때에
사랑은 세상을 아름답게 왜곡시키는 것이라 생각했다.
사랑하는 내가 진짜 나인 것을 알고 나서
사랑할 때 내 눈에 보이는 것 역시 본연의 모습인 것을 알았다.

사랑은 눈멀게 하지 않는다.
사랑은 눈을 뜨게 한다.
하나님 만드신 본래의 모든 형상에 눈뜨게 한다.

하늘도 나무도 너도 나도 모든 순간 새로움이다.
그것이 본연의 모습이다.

삶의 그래프

내 삶의 방향은 미래를 향하는 것이 아니라 영원을 향한다.
그러니 시간의 관점에서 빠르고 더딤이 의미 없다.
오직 이 순간이 영원으로 길어 올려졌는가만이 의미 있다.

삶의 그래프를 '현재와 미래'가 아닌 '순간과 영원'의 축으로 둘 때
지금에 충실한 삶이 가능하다.

그렇다고 과거와 미래를 차단하고, 현재에만 몰입하는 것은 두려움이다.
정직하게 과거를 해석하고, 용기를 내어 미래를 꿈꿀 때
지금을 가장 충실하게 살아낼 수 있다.

일용할 양식

결핍의 순간이든 충만의 순간이든
오늘 하루를 살기에 부족함 없는 일용할 양식은 주어진다.

지금의 필요를 채울 물질이 있기에 삶을 지탱하고 있으며
실체 없는 염려에 소진하지 않으면 오늘을 살 에너지는 충분하며
부질없는 감정들을 걷어내면 내가 사랑하고 사랑받을 사람이 늘 곁에 있다.

그리하여 아무리 결핍된 순간도 지금을 환하게 살아내지 못할 이유는 없다.
동시에 아무리 충만한 순간도 내일을 보장하지는 못한다.
이 순간 우리 모두는 동일한 빛으로 살아간다.

일용할 양식, 이 따뜻하고 엄격한 은총만이
Here & Now를 놓치는 어리석음으로부터 나를 구원한다.

미래

미래는 오늘이다, 나는 이 말을
오늘의 수고에 따라 미래가 결정된다는 관점으로 해석하지 않는다.

말 그대로, 미래는 정말로 오늘과 같은 모양이다.
내 노력으로 바뀌는 삶의 진보는 미미하고
삶의 본질은 거대하기에.

직장이 변하더라도 일의 본질은
버는 돈이 변하더라도 물질의 본질은
내 곁의 사람이 변하더라도 관계의 본질은 변함이 없다.

오늘의 어려움 속에 의미를 깨닫지 못한다면 미래도 그럴 것이며
오늘의 결핍 속에 감사를 찾지 못한다면 미래도 그럴 것이며
오늘의 상처 속에 사랑을 지키지 못한다면 미래도 그럴 것이다.

미래는 오늘이다.
~~충만한 미래를 위해 오늘 노력할 일이다.~~
충만한 미래를 위해 오늘 충만할 일이다.

저녁 무렵 시원하고 부드러운 바람을 맞으며 산책하는 시간을 무척 사랑한다. 낮과 밤이 교차하는 시간의 빛과 컬러와 공기와 바람, 이 경이로움 속을 걸으면 죽고 싶은 사람도 살고 싶어질 것 같다는 생각을 한다.

"날이 서늘할 때에 동산에 거니시는 하나님의 음성을 듣고…"(창세기 3:8, 개역한글). 성경에서 바람이 부는 해질녘은 주님께서 동산을 찾아오시는 시간이었다는 이야기를 듣고. 그때의 바람은 '루아흐'라는 하나님의 호흡과 같은 의미임을 듣고. 이 시간이 더욱 특별해졌다. 해질녘의 바람이 그렇게 생명처럼 느껴졌던 것은 동산을 거닐던 하나님의 숨결이 내게 전해졌기 때문인것만 같았다.

Between the Lights, 빛과 빛 사이는 내가 사랑하는 시간이자 하나님을 만나는 시간이다. 그리고 태초의 빛과 다시 만날 빛 가운데 살아가는 내 삶의 여정이 펼쳐져 있는 시간이기도 하다.

앤드 AND

스물셋에 처음으로 묵상의 글을 싸이월드 홈페이지에 적
었다. 7년 후 서른 살에 그간 쌓인 글들을 출판하고 싶었
던 내 생각과 달리 10년이 더 흐른 마흔 살에 책으로 나
오게 되었다. 여러 면에서 삶의 마디를 지나고 있는 나에
게 출판을 계기로 '앤드'라는 이름을 지어 주었다. 지금
은 그저 좋아하는 단어이지만 앞으로의 삶이 이 이름에
소중한 의미들을 채워 주기를 바란다.

메일 andwords.kr@gmail.com
페이스북 @andwords.kr 인스타그램 @andwords.kr

빛과 빛 사이

ⓒ 앤드 2020

초판 인쇄 2020년 12월 15일
초판 발행 2020년 12월 25일

저자 앤드
출판 앤드워즈
메일 andwords.kr@gmail.com

등록번호 제207-91-46056호
ISBN 979-11-972764-1-5